本书得到国家社会科学基金教育学一般课题"系统观视角下创新创业型人才协同创新培养机制及系统优化设计"（编号：BIA150111）的资助

创新创业型人才协同创新培养机制及系统设计

CHUANGXIN CHUANGYEXING RENCAI XIETONG CHUANGXIN PEIYANG JIZHI JI XITONG SHEJI

王庆金　周　雪　著

中国社会科学出版社

图书在版编目（CIP）数据

创新创业型人才协同创新培养机制及系统设计/王庆金，周雪著 . —北京：中国社会科学出版社，2018.10

ISBN 978 - 7 - 5203 - 2794 - 7

Ⅰ.①创… Ⅱ.①王…②周… Ⅲ.①创造型人才—人才培养—研究—中国 Ⅳ.①C964.2

中国版本图书馆 CIP 数据核字（2018）第 154214 号

出 版 人	赵剑英	
责任编辑	刘 艳	
责任校对	陈 晨	
责任印制	戴 宽	

出 版	中国社会科学出版社	
社 址	北京鼓楼西大街甲 158 号	
邮 编	100720	
网 址	http://www.csspw.cn	
发 行 部	010 - 84083685	
门 市 部	010 - 84029450	
经 销	新华书店及其他书店	

印 刷	北京明恒达印务有限公司	
装 订	廊坊市广阳区广增装订厂	
版 次	2018 年 10 月第 1 版	
印 次	2018 年 10 月第 1 次印刷	

开 本	710×1000 1/16	
印 张	14.25	
插 页	2	
字 数	210 千字	
定 价	66.00 元	

前　　言

国家提出"大众创业、万众创新"战略以来，"双创"战略已成为我国经济结构转型升级的必然抉择。党的十九大报告提出推动互联网、大数据、人工智能和实体经济深度融合，培育新增长点、形成新动能，激发和保护企业家精神，鼓励更多社会主体投身创新创业。为响应国家创新创业战略的号召，教育部提出进行创新创业教育改革，为国家创新创业战略稳定发展持续输出创新创业型人才，为改善整体创新创业环境提供了新思路。

在国家社会科学基金教育学一般课题（BIA150111）支持下，进行了系统观视角下创新创业型人才协同创新培养机制及系统优化设计的研究。在国内外文献综述的基础上，分析了创新创业型人才的特质及素质。进行国内协同创新培养创新创业型人才的现状调查及影响因素分析，美国、欧洲及日本等国外协同创新培养创新创业型人才的经验教训分析，探讨创新创业环境与创新创业的影响要素、创新创业环境及创新创业的模式，实证研究协同培养机制与创业绩效关系，并对创业情境下管理强度与创业绩效关系展开讨论。对系统观的视角下创新创业型人才协同创新培养机制及系统进行了研究，对创新创业型人才协同创新培养系统影响因素及趋势性进行分析，建立了创新创业型人才协同创新培养系统运行效率评价体系，并进行了创新创业型人才协同创新培养系统反馈和演化机制的系统动力学分析，对创新创业型人才协同创新培养系统未来发展态势进行模拟预测。同时建立了协同创新培养系统中不同创新主体间动态博弈模型，研究新环境因素约束下创新创业型人才培养系统中各主体的演化博弈，分析创新创业型人才培养系统演化过程中的规律性。在以上研究的基础上，从完善政策支持与保障体系、改革现有的教学体系、提升创新创业教育水平、完善协同创新培养的平台、改革教学管理制度、完善导师制度，建立学生个性化成长的指导体系，以及构建多维度的评价体系等方面设计了创新创业型人才协同培养机制，并进行了创新创业型人才协同创新培养的系统优化设计。

　　本书存在的缺点和错误，敬请广大读者批评指正！

目　　录

第一章　绪论 ……………………………………………………（1）

　第一节　研究背景和意义 ………………………………………（1）

　第二节　国内外文献综述 ………………………………………（2）

　　一　创新创业型人才培养研究 …………………………………（2）

　　二　创新创业型人才的协同培养 ………………………………（6）

　　三　全局视角下的创新创业型人才培养 ………………………（8）

　第三节　主要研究内容和技术路线 ……………………………（12）

　　一　主要研究内容 ………………………………………………（12）

　　二　技术路线 ……………………………………………………（13）

第二章　相关概念及创新创业型人才的特质 …………………（16）

　第一节　系统论 …………………………………………………（16）

　　一　系统论及原理 ………………………………………………（16）

　　二　系统论的研究进展 …………………………………………（19）

　第二节　协同创新 ………………………………………………（21）

　　一　协同创新起源和概念 ………………………………………（21）

　　二　协同创新的环境 ……………………………………………（24）

　　三　协同创新主体间的协同 ……………………………………（24）

　　四　协同创新绩效的考核及影响因素 …………………………（25）

　　五　协同创新研究的欠缺及相应的改进措施 …………………（26）

　第三节　创新创业型人才的特质及素质 ………………………（26）

　　一　创新创业型人才 ……………………………………………（26）

二 创新创业型人才的特质 ……………………… (28)

三 创新创业型人才的能力 ……………………… (31)

第三章 国内协同创新培养创新创业型人才的现状调查及影响
因素分析…………………………………………………… (33)

第一节 国内协同创新培养创新创业型人才的现状
调查 ……………………………………………… (33)

一 各省市高校创新创业型人才培养经验 ………… (35)

二 国家技术创新示范企业的人才培养措施 ……… (52)

三 我国创新创业型人才培养现状总结 …………… (53)

第二节 新兴产业企业发展对创新创业型人才的需求 …… (55)

一 新兴产业企业发展对创新创业型人才量的
需求 ……………………………………………… (55)

二 新兴产业企业发展对创新创业型人才质的
需求 ……………………………………………… (56)

三 新兴产业企业发展对专业管理人才的需求 ……… (58)

四 新兴产业企业发展对拥有专门技能人才的
需求 ……………………………………………… (59)

第四章 国外协同创新培养创新创业型人才的经验分析 ……… (60)

第一节 美国 ……………………………………………… (60)

一 政府建立健全制度规范 ……………………… (61)

二 各协同主体角色定位明确 …………………… (63)

三 专门化的协同组织和中介机构 ……………… (64)

四 小结 …………………………………………… (67)

第二节 欧洲 ……………………………………………… (68)

一 欧洲培养创新创业型人才情况概述 ………… (68)

二 德国 …………………………………………… (71)

三 英国 …………………………………………… (73)

四 小结 …………………………………………… (75)

第三节 日本 ……………………………………………… (75)

一 大力加强高等教育体制建设 …………………… （76）

二 政府主导的制度化"产、学、官合作"模式 ……… （79）

三 日本的创业教育与创业政策 …………………… （81）

四 小结 …………………………………………… （83）

第五章 创新创业环境与创新创业的影响要素 …………… （84）

第一节 创新创业环境及创新创业的模式 ……………… （84）

一 国内外创新创业环境分析 …………………… （84）

二 创新创业模式与路径 ………………………… （96）

三 青岛创新创业模式与路径 …………………… （98）

第二节 协同培养机制与创业绩效关系的实证研究 …… （103）

一 文献回顾与研究假设 ………………………… （103）

二 研究设计 ……………………………………… （105）

三 实证结果与分析 ……………………………… （106）

四 结论与讨论 …………………………………… （110）

第三节 创业情境下管理强度与创业绩效关系探讨 …… （111）

一 理论基础和研究假设 ………………………… （111）

二 研究设计与方法 ……………………………… （113）

三 数据分析和结果 ……………………………… （114）

四 讨论与结论 …………………………………… （117）

第六章 创新创业型人才协同创新培养系统研究 ………… （118）

第一节 创新创业型人才协同创新培养系统影响因素及
趋势性分析 ……………………………………… （118）

一 创新创业型人才成长特征 …………………… （119）

二 创新创业型人才协同创新培养系统特征 ……… （122）

三 创新创业型人才协同培养系统主体分析 ……… （125）

四 创新创业型人才趋势 ………………………… （135）

第二节 创新创业型人才协同创新培养系统运行效率
评价 ……………………………………………… （143）

一 评价指标体系原则 …………………………… （144）

二　指标体系构建 ···（145）

三　评价方法 ···（153）

第三节　创新创业型人才协同创新培养系统反馈和演化机制的
　　　　系统动力学分析 ·······································（156）

一　创新创业型人才协同培养系统结构 ···············（156）

二　创新创业型人才协同培养系统动力学分析 ········（160）

第七章　系统观视角下创新创业型人才协同创新培养的博弈
　　　　分析 ···（168）

第一节　协同创新视角下创新创业型人才培养主体博弈
　　　　分析 ···（168）

一　大学与其他创新主体协同培养的博弈分析 ········（174）

二　企业与其他创新主体协同培养的博弈分析 ········（176）

三　政府与其他创新主体协同培养的博弈分析 ········（179）

四　政府与其他创新主体合作决策的基本静态博弈
　　模型 ···（181）

第二节　创新创业型人才培养系统中创新主体行为的演化
　　　　博弈 ···（182）

一　大学与其他创新主体重复博弈中开展协同培养的
　　决策分析 ···（183）

二　企业与其他创新主体重复博弈中开展协同培养的
　　决策分析 ···（184）

三　政府与其他创新主体重复博弈中开展协同培养的
　　决策分析 ···（188）

第八章　创新创业型人才协同创新培养机制设计 ·············（191）

第一节　创新创业型人才协同培养的模式 ···············（191）

一　创新创业型人才协同培养模式具有的特征 ········（191）

二　创新创业型人才协同培养的模式 ···············（192）

第二节　创新创业型人才协同培养的机制设计 ···········（196）

一　完善政策支持与保障体系 ·······················（196）

二 改革现有的教学体系 ……………………… (197)

三 提升创新创业教育水平 …………………… (199)

四 完善协同创新培养的平台 ………………… (200)

五 改革教学管理制度 ………………………… (202)

六 完善导师制度,建立学生个性化成长的指导

体系 ………………………………………… (203)

七 构建多维度的评价体系 …………………… (203)

第九章 创新创业型人才协同创新培养的系统优化设计 ……… (205)

第一节 合理的战略导向 ………………………… (205)

一 政府制定科学合理的创新创业型人才评价

系统 ………………………………………… (205)

二 合理地设计创新创业型人才的培养渠道 ……… (206)

三 在战略导向中设计人才的留用机制 ………… (206)

第二节 创新创业型人才的保障体系 ……………… (207)

一 政策支持 …………………………………… (207)

二 管理机制 …………………………………… (208)

三 团队建设 …………………………………… (209)

四 融资体系 …………………………………… (210)

五 社会保障 …………………………………… (210)

六 税务减免 …………………………………… (211)

七 信息服务 …………………………………… (212)

八 搭建平台 …………………………………… (212)

参考文献 ……………………………………………… (214)

后记 …………………………………………………… (219)

第一章　绪论

第一节　研究背景和意义

为响应国家创新创业战略的号召，教育部提出进行创新创业教育改革，为国家创新创业战略稳定发展持续输出创新创业型人才，为改善整体创新创业环境提供了新思路。从国家到地方的各级政府，以"创新创业教育"为主题出台了一系列政策制度，保障了创新创业型人才的持续稳定输出。党的十八届五中全会明确了"大众创业、万众创新"在"十三五"期间的重要地位，国务院先后出台了相关文件支持创新创业发展战略，不断推出创新创业相关法律法规，完善和健全创新创业型人才培养的相关制度环境。特别是创新创业领域的相关减税政策，大大提升了高校、企业和科研机构等参与创新创业型人才培养的积极性。社会各方为高校、科研机构、高校衍生企业、孵化器等创新创业型人才培育基地提供了人、财、物等多种资源，提供创新创业基地，极大地推进了创新创业教育改革的进程，激励创新创业型人才不断发挥创新创业新思维。

但是比之国外起步较早、比较完善的创新创业型人才培养模式，我国创新创业型人才培养起步较晚，基础相对薄弱，在创新创业型人才培养的过程中存在资源错配和效率低下的问题。我国应积极借鉴国外的成功案例的经验，实现创新创业型人才培养多方位、多层次的快速发展。创新创业型人才的培养以及创新创业战略的推进涉及多个要素和主体，这些要素和主体不是孤立地存在，而是相互影响、相互制约的。如果将创新创业型人才的培养作为单一的作业来操作，势必会遇到阻碍。从系统观视觉下考量创新创业型人才的培养，就不仅仅是高校或科研机构等单一组织的任务，而将成为一个多组织协同完成的目标。政府、企业、孵化器等都将成为创新创业型人才的重要培养机构，并为创新创业型人才的培养持续不断地提供资本供给和智力支撑。而创新创业型人才的培养又将进一步为这些组织机构的发展持续地输出人力资本，以满足社会经济发展的需要。基于系统观的视角进行创新创业型人才的协同创新培养与改革教育实践，有利于形成良好的创新创业生态系统，有利于优化资源配置，培养满足市场需求的创新创业型人才，在推进创新创业战略的同时解决大学生就业难的问题。

第二节　国内外文献综述

一　创新创业型人才培养研究

德鲁克（Drucker, P. F., 1985）认为创新是社会、经济和技术等多方面的集合。米勒（Miller, W. L., 2008）所认为的创新倾向于研发过程，并涉及新流程的设计开发。贝科维茨（Bercovitz, J., 2006）认为学者们对创新和创新系统的认识是基于创新对社会经济发展的重要性。赫比格（Herbig, P., 1994）认为创业通过资本的运作和基础设施的建设对创新起到驱动作用。但黄（Wong, P. K., 2005）认为成功的创业不一定导致有效的创新。戈登（Gedeon, S., 2010）认为创业是风险承担者创新性地建立一个小企业、创造性地打破现有市场平衡并形成新的平衡的行为。赵（Zhao, 2005）认为创新和创业是两个互为补充的概念，创业的来源是创新，同时又使得创新持续发展，二者贯穿在企业发展的整个过程中。顺彼得（Schumpete, 1934）在早期的研究中将创业者与创新者同等看待，认为创业者在创新方面扮演着重要角色，并为经济发展做出重要贡献。对创新创业型人才培养的研究，主要集中在创新创业型人才培养的重要性、创新创业型人才的培养模式以及创新创业型人才培养的案例分析等几方面。

在创新创业型人才培养的重要性方面，冒澄（2007）认为在创建创新型国家的过程中，为满足国家创新战略的需求，高校应由研究型高校向创业型高校变革，将高校的科研成果转化为生产力，为国家培养能推动社会和经济发展的创新创业型人才，这是创新战略背景下的必然要求。李时椿（2008）认为通过正规创业教育的实行、创新精神的凝聚和创业能力的提升来培养创新创业型人才，对解决大学生就业难问题、实现国家创新战略目标具有重要意义。曹胜利（2008）认为发展创新创业教育是现代化教育的必然要求。建设创新型国家需要建设创新型大学，需要形成新时代的教育观念，构建符合时代发展需求的教育机构，以培养创新创业型人才。创新创业是我国经济实现新一轮增长的必要途径，而创新创业教育则能为新一轮经济增长提供不竭的动力，创新创业型人才的培养能促进我国的产业转型，实现劳动力在产业间转移，在解决就业问题的同时，实现经济稳定快速发展。刘桂华（2010）认为知识经济时代，信息、知识和能力的快速增长促使创业型就业成为一种新的就业方式，高校应在为国家输出创新创业型人才的同时解决毕业生就业难的问题。陈德人（2012）通过对电子商务和物流领域的人才需求分析，发现现代服务业的发展需要新兴服务业等相关服务学科建设与之相匹配，并从学科发展、人才需求和产业需求三个方面阐释了进行创业型人才培养的迫切性。徐坚成（2012）科学地界定了创新创业型人才的内涵和特征，并提出一系列人才培养环境的优化对策以应对人才发展的挑战。庞鑫培（2013）以浙江省为例，研究了创新创业型人才培养与创新性省份建设的关系，认为二者具有逻辑因果关系，创新创业型人才是地区进行创新建设的智力支撑，是发展的重中之重。高文兵（2013）认为我国社会经济的发展正由"第一次人口红利"向"人才红利"过渡，为应对人口老龄化的问题，我国一方面要建立多方合作的创新机制，另一方面要实行高校教育改革，在优势互补、资源共享的原则下联合培养创新创业型人才。

在创新创业型人才培养的模式方面，吴晓等（2010）构建了地方高校创新创业型人才"分子型"培养模式，并探讨了其可行性，认为创新创业型人才培养对地方经济社会的发展会产生深远影响，满足需求的创新创业型人才培养模式可以提升社会整体的创新能力和创业绩效。高常水等（2010）认为区域创新创业体系的构建和发展需要职业教育的支撑，并认为职业教育能实现创新创业精神的有效传播、促进地方产业升级，创建创新创业型大学、培养创新创业型人才是促进创新创业教育发展的必经之路。袁旭东（2010）认为职业教育是创新创业型人才培养体系中不可或缺的环节，高等职业院校是创新创业型人才培养机构的重要组成部分，为了培养出适合社会经济发展、有能力参与国际竞争的毕业生，高等职业院校应积极发展创新创业教育。王永杰等（2011）认为创新创业型人才培养课程应从意识、精神和思维等方面进行设计，并使之创造性地使用工具和方法，应用模拟教学、研讨教学、案例教学、影视教学和体验教学等多种方法，实现创新创业教育的目标。殷惠光等（2011）提出创新创业型人才培养模式应与执业资格制度相适应，并从目标、体系和课程等多方面探索了土建学科的创新创业型人才培养模式，提出提升高校教师实践教学能力、产学研相结合、创建人才综合培养平台和转变教育观念等多项创新创业型人才培养的保障措施。文丰安（2011）认为高校要与政府、企业、科研机构等进行多方合作，形成长期稳定的创新创业型人才培养体系，并认为高校是创新创业型人才培养的重要基地，应从国家创新创业战略发展的需求和市场需求出发，进行创新教育改革，为创新创业型人才的发展提供环境保障，满足国家社会经济发展的人才需求。赵金华（2011）认为创新创业型人才的培养模式对其培养特色的形成起着决定性作用，教育改革应以探索多种人才培养模式作为重要工作内容，从创新创业实践、教育内容、教学方法和培养方案等多方面入手，探索具有实践特色的创新创业型人才培养模式。曹明（2011）借鉴国内外创新创业型人才培养模式的经验，并结合应用型高校的人才培养目标定位和教学特征，提出了应用型高校培养创新创业型人才的具体路径，建议应用型本科院校在政府支持的基础上，进行产学研合理分工、良性互动，构建创新创业教育大课堂，充分利用应用型高校贴近产业具有丰富实践经验的优势，并打造创新创业型人才培养的综合平台，与国内外高校充分开展创新型人才培养的合作。刘晓阳等（2012）总结概括了高校培养创新创业型人才面临的障碍和挑战，并分析了创新创业型人才培养与企业家精神的关系，提出企业家精神引导创新创业型人才培养的观点，建议进行各方资源的整合以完善创新创业型人才的培养体系。刘沁玲（2012）在分析创新创业型人才培养的影响要素及其作用机理的基础上，构建了高校进行创新创业型人才培养的三层面结构关系模型，认为宏观影响因素和微观影响因素在创新创业型人才的培养中分别起到了导向作用和支撑作用，并认为高校应承担创新创业型人才培养的主要任务。

在创新创业型人才培养案例研究方面，李春根等（2009）总结了江西财经大学在培养创新创业型人才方面的经验，加强创新创业型人才培养体系的建设，在研究生教育中全面实施创新计划，培养综合素质较高的创新创业型人才，努力探索创新创业型人才培养的新渠道。徐建成等（2009）探索了东北农业大学动物科技学院在创新创业型人才培养方面的经验，着重分析了其创业教育的模式和机制，认为该校经营校办企业、推动产业发展、创造就业岗位，这种人才培养模式值得在创新创业战略实施中推广。蔡袁强等（2010）以温州大学为例，认为研发型创新创业型人才的培养促进了温州地区的产业转型，加速了温州地区的技术创新，提升了温州产业的整体竞争力，并认为根据地方实际需求培养人才，转科研成果为生产力，这些措施是培养创新创业型人才的有效举措。陈德人（2010）通过对我国高校电子商务专业发展现状的分析，总结了电子商务专业人才培养的体系框架，对该专业知识体系的编制过程、推广应用、背景和特色等进行了详细介绍，认为这是对创新创业型人才培养的一次知识化探索。深圳大学秉承"有教无类、因材施教"的教学理念，培养经世致用的创新创业型人才，不断克服高校扩招、人事制度改革等带来的一系列问题，不断深化教学改革，在创新创业型人才培养上取得了一定的成果。庞鑫培（2012）通过对浙江地区人才培养机制的研究探讨，为创新创业教育在地方高校中推行提供新思路。冯弋江等（2013）创建了江西省创新创业型人才培养体系以促进江西省鄱阳湖生态经济区的发展，这一体系使得江西省高职院校的创新创业教育与江西省区域社会经济发展服务相结合，为鄱阳湖生态经济区的发展提供智力资本。

　　此外，一些学者对特定领域的创新创业型人才培养模式或体系进行了研究，刘敏榕（2008）从竞争情报领域出发，研究了其创新创业型人才培养模式，通过现状调查分析，并结合企业对竞争情报人才的需求，为相关人才培养机构提供了竞争情报领域创新创业型人才培养体系选择策略。白逸仙等（2010）研究了工程领域创新创业型人才的培养，基于对部分创业成功的光电子企业进行访谈，并结合工程领域创新创业型人才的实际需求和学校的培养情况，对工程领域创新创业型人才的培养目标体系进行分解，并从培养方向、培养标准和培养路径三个层次，职业意识、专业知识和创新能力三个方面进行进一步研究。李伯耿等（2011）对化工学科的教育体系进行了深入研究，着重分析了国际上该学科的课程体系建设、竞赛训练、实习拓展和特色培训班等方面，认为化工学科的核心发展要素是创新创业能力，有效发展途径是实行创新创业生态教育、培育创新创业型人才。梁柏桦（2011）认为当前影视传播领域的人才培养形式过于单一、内容落后、缺乏实践，制约了影视传播的发展，并提出培养创新创业型影视人才，改变影视传播课程体系和人才培养模式，重视实训课程，提高学生的创新创业意识，强化对学生实践能力的培养，使其适应影视传播发展的人才需求。腾跃民等（2013）研究了上海出版印刷领域的职业教育现状，认为我国高职教育起步晚、基础薄弱，应基于国家创新创业战略，不断改善创新创业教育环境、完善创新创业教学机制、发展新的创新教育理念和人才培养模式。杨晨等（2013）认为完善我国知识产权体系建设，有利于高校科研成果的转化，有利于创新创业型人才的培养，并为高校构建了知识产权实训服务体系，促进高校实训基地开放式发展，满足国家创新战略实行过程中的知识产权人才需求。徐孝昶等（2013）认为高校培养创新创业型人才要依托实践基地，建设创新创业型人才培养的综合平台，并以徐州工程学院为例，分析了构建创新创业型人才培养系统所需要的配套设施。

二　创新创业型人才的协同培养

　　在创新创业战略实施和教育改革的进程中，更多的学者参与到对创新创业型人才的协同培养问题的研究中。张兄武（2016）将创新创业型人才的协同培养分为内部协同和外部协同两部分，内部培养是高校协调各种创新创业要素进行资源的优化配置，实现创新创业型人才培养效益最大化；外部培养则是政府、高校、企业等突破各自的边界，形成优势互补、资源共享的创新创业型人才培养网络，产生协同效应。

有些研究偏重创新创业型人才培养的高校内部协同，将高校作为培养主体。凯莉（Kelly，2015）根据 GEM 的年度报告，发现全球一半以上的青年创业者对新技术和新产品非常重视，这需要加强创新创业教育培训，实现传统教育与创业教育之间的平衡。哈柯玛（Harkema，2008）认为创新创业教育要以学生为中心，在培养的过程中突出学生的主体性。顾海川等（2016）认为创新创业教育不仅仅是对创新创业型人才个人专业素养的培养，更是其协同创新意识的培养，对协同创新意识的重构和强化是进行创新创业教育改革的必备内容。教育部的文件指出，应将创新创业教育贯穿在人才培养的各个阶段，加速科技成果的转化，并加强教学与科研的互动，开放实验室和研究基地等以支持学生的创新创业实践活动。费杰等（2016）认为创新创业型人才的协同培养体系的构建应以团队为核心。赵波等（2016）认为高校创新创业型人才培养应采用四位一体的培养模式，实现组织机制、实践平台、指导教师和课程体系的有机协同，进行创新创业型人才培养的路径协同和模式创新。

有些研究则将政产学等多组织作为协同培养主体，研究偏重创新创业型人才培养的外部协同。贝克尔（Becker，M. C.，2004）将创新创业思想与管理学、经济学和社会学等多学科联系起来，认为创新创业的思想可以用于多个方向。布卢梅尔（Bluemel，2013）认为创新创业型人才的培养应满足市场的需求，应实现市场需求与课堂教学的对接。米银俊等（2015）认为各级政府部门、产业部门、高校等教育机构进行协同创新，为经济新常态下培养创新创业型人才提供了新视角，也为创新创业型人才的培养提供了新的有效途径，是突破地方高校资源限制，进行创新创业教育改革的有益尝试。张继延等

（2016）分析了国内创新创业型人才培养的现状，认为各培养主体之间缺乏合作导致了资源的闲置与浪费，并导致培养效益低下，企业、政府和高校等组织应加强合作，形成创新创业型人才培养联盟，从科学运营、活动实践、文化培育等方面出发构建创新创业型人才的协同培养机制，以满足区域经济和社会发展的需要。董慧（2016）研究了创新创业型人才培养过程中出现的问题以及困境，从构建校企协同指导体系、实践体系和教育体系的角度出发，提出进行校企双方整合资源、合作开展创新创业型人才培养，促进创新创业教育对社会和经济发展影响作用的发挥。王红艳（2017）认为高校应协同其他培养主体共同进行创新创业型人才的培养，认为组织协同培养既是高校的使命，也是高校核心竞争力的体现，并认为"互联网＋教育"为高校提供了一种很好的协同培养创新创业型人才的资源，同时提出政府应为创新创业型人才协同培养提供政策保障。

有些研究以现实案例为例，解析其中的培养模式和协同机制，从而将其概念化、模型化。符惠明等（2013）探索了江南大学在创新创业教育实践中形成的"三区联动互助型"协同创新模式，该模式基于高校学科专业，依托地方科教产业园和大学科技园，进行创新创业型人才的培养教育，破除人才能力与岗位需求不匹配的壁垒，对创新创业教育改革有一定的实践意义。宋晓云等（2015）研究了浙江大学工程学科的研究生培养模式，并从招生、教学、双博士学位和多元导师组等方面剖析了其培养机制，认为该学科的研究生培养是基于协同创新的创新创业式培养，并建议成立协同创新中心，培养创新创业型人才。

三 全局视角下的创新创业型人才培养

当下对创新创业型人才培养的研究，从系统观角度，主要对创新创业教育系统和创新创业型人才协同培养系统两方面进行了研究。

很多学者在研究中阐述了创新创业教育要进行系统性创新的观点，其研究主要还是以高校为主体。张彦（2010）提出创新创业教育的系统性和有效性需要提升。王秀敏等（2012）着重研究了设计大学生模拟实训系统的方法，并探讨了创新创业型人才培养系统体系的构建问题。王成华等（2013）以南京航空航天大学为例，研究了创新创业型人才的培养机制以及培养体系的构建。韩天明（2015）在互联网背景下将教育与互联网结合，对创新创业型人才培养课程进行改良和再设计，从教学组织、教学手段和课程内容三个角度深入贯彻"互联网＋教育"的理念，并围绕"业务＋沟通"这一内核设计创新创业模拟经营系统，使面向互联网的创新创业教育更契合人才的培养需求。吴伟等（2015）对创新创业大背景下高校学科的构成提出了新的要求，强调学科的综合性、整体性和系统性，采取不同的扶持政策对待不同性质的学科，根据创新创业战略发展的需要，对学科进行优化重组，并在发展的过程中动态调整。袁红等（2016）通过对江苏省信息管理相关专业的调查发现，该地区人才创新创业能力的培养体系和模式与国外一些高校相比，仍有差距，需要从保障体系、实践教学和课程内容等方面做进一步的改进。覃睿等（2016）认为创新创业型人才的培养应以国家创新创业战略输出能胜任的人力资本为目标，针对人才培养各个阶段的特点与培养质量的绩效评价相结合，设计具体的任务和目标，构建科学合理的教学体系、方法体系、管理体系和保障体系等。卓泽林等（2016）研究了在创新创业方面做得很成功的英国伦敦国王学院，认为构建长期合理有效的创新创业教育生态系统是持续推行创新创业战略不可或缺的部分，我国应从提升师资队伍素质、重构课程体系、理论与实践相结合以及创新创业支持机制等方面，进行完善和提高。米银俊等（2016）认为创新创业教育是一个全过程融合的系统，应分为创业实践、创新实践和理论教育三大块，不断探索创业孵化、科技创新和实践教学的有机融合。马永斌等（2016）研究了清华大学创新创业教育课程系统，认为创新创业型人才培养教育的核心是构建创新创业课程体系，建议融合选修课程与必修课程、创业教育与专业教育，打造多层次、系统性的创新创业教育课程体系。卓泽林（2017）对阿尔托大学的形成背景和由该大学构建的创业生态系统进行了研究，认为该创业生态系统由自上而下和自下而上两种模式共同构建，自上而下是由高校主导的，自下而上则是由创业社团主导的。

更多的学者倾向于借助创新创业系统提升创新创业型人才的培养水平。弗里曼（Freeman, C., 1987）提出了国家创新系统的概念，认为这是一个由国家组织机构和生产要素通过科技研发转化成生产力进而商业化地推动国家经济社会发展的整体系统。之后学者对这一创新创业活动的认识不断系统化。在对美国硅谷案例的研究中，埃茨科瓦和劳德斯德（Etzkowitz, Leydesdor, 1995）构建了三螺旋结构模型，解析了政、产、学三方之间的动态交互关系，并发现三者相互合作，共同促进了地区创新创业的发展，为该地区社会经济发展提供了动力。王云涛（2013）对创新创业型人才培养系统工程的模式的演进进行了分析，如政府主导模式、双边自由模式和集权牵制模式等，认为政府主导模式能实现高校发展、政府调控以及市场需求之间的平衡，应在政府主导的基础上构建创新创业型人才培养的系统体系。林美貌（2015）对我国台湾地区创新创业教育的特色进行了研究，我国台湾地区创新创业型人才的培养主体以高校为主导，以社会和政府为支撑，从社会环境、教育理念、创业政策以及高校育人等多角度协同构建创新创业型人才培养的生态系统。赵中建等（2015）对美国研究型大学的创新创业体系进行了研究，认为美国研究型大学促进校企合作、支持高校科技成果转化、鼓励教师和学生进行创新创业，很大程度上推动了当地经济社会的发展，形成了良好的创新创业生态系统，对我国创新创业型人才的协同培养具有借鉴意义。柳欣等（2016）将资源和环境等与教学系统对接的平台和制度等称为"知识接口"，认为其是创新创业型人才协同培养的关键环节，柳欣等结合动态规划和控制论两种方法，将人才创新创业能力和创新创业教育的培养绩效等纳入统一系统内进行量化，为创新创业型人才的培养匹配相应的资源，并对其培养系统进行动态调整。文革等（2016）基于系统动力学，对高端创新创业型人才开发效益进行了研究，构建了系统动力学模型，并通过反馈回路分析了创新创业型人才开发投入与产生的直接经济效益之间的马太效应，并支持创新创业型人才开发主体由政府向高新技术企业转化的观点。贺瑛等（2016）以中大创新谷为例，研究了创新创业生态系统的构建，将众创、众筹、众扶和众包的四种概念融入创新创业生态系统中，形成完整的闭环，并提出全链条战略和全链条培育等，认为政府、市场和企业是释放创新创业活力的主体。田鸣等（2016）基于复合系统协调度模型，并利用面板数据，对中国创新创业发展的协同情况进行了实证分析，结果表明，我国创新创业的系统协同程度不断增强，但水平不高，认为这是创新创业系统不协调所导致，建议增强创新创业系统的建设力度，同时提高相应政策的前瞻性和适应性。武学超（2016）研究了芬兰阿尔托大学在创新创业教育方面的做法，该校以学生为中心成功构建创业生态系统，大学领导在激发学生创新创业活力方面起到了支持作用，并与外部创客协同开展创业活动，优越的众创文化、卓越的组织管理和完善的国家创业环境是该创业生态系统取得成功的关键。熊毅等（2016）发现高校创新创业教育中存在供需错配的问题，高校创新创业活动不符合当地经济社会发展的实际、高校创新创业师资力量不足、学生创新创业实践能力不够，建议构建学科互融的培养体系、提升教师实践能力、提高创业质量、多组织协同创建创新创业生态系统等。田贤鹏（2016）提出创新创业共同体的概念，运用生态学理论和方法解析了创新创业教育共同体在创新创业型人才培养方面的可行性和实用性，并分别对校地联动、校企合作、校内协同及教学等层面的创新创业教育共同体进行阐述。

卓泽林等（2016）对美国在创新创业型人才培养方面的做法进行了研究，并基于资源投入的视角，对加州大学圣地亚哥分校创新创业生态系统的构建进行了剖析，认为该系统的组织结构、资源配置和制度保障等对我国创新创业型人才的培养就有借鉴意义。张秀娥等（2017）基于三螺旋理论，研究了创新创业生态系统的路径优化问题，认为政府、产业和高校三方应形成"三位一体"的系统，促进创新创业型人才培养的良性螺旋互动。乜晓燕等（2017）基于利益相关者的视角，对创新创业教育中存在的问题以及面临的困境进行了分析，提出在创新创业教育发展过程中，应重视不同利益相关者的利益诉求，使不同利益相关者相互支持、加强互动，共同促进创新创业型人才培养生态系统的构建。赵旭梅等（2017）认为日本官产学联合为主的创新体系缺乏自调节能力，对市场需求的反应滞后，同时阻碍了日本微电子产业的演进，并认为以市场为导向的创新创业系统更有利于提高创新效率。

另有一些学者针对创新创业型人才培养的环境和支持政策等配套系统进行了研究。莫厄里（Mowery，D. C.，2011）认为美国的浓厚的创新文化和成熟的创业体系塑造了完善的创新创业环境，对其创新创业协同发展起到了促进作用。谷丽萍等（2012）研究了我国在扶持青年创业过程中的系统创新，并以中国青年创业国际计划的模式为例，分析了其"导师辅导＋资金支持"模式，以及大学生村官扶持、灾区扶持、校区扶持、园区扶持等多种青年创业的扶持方式。这些在创业帮扶系统方面做出的创新，一方面有效地解决了青年就业的问题，另一方面为创新创业型人才的培养提供了配套服务。洪坚（2013）研究了国内外创新创业型人才的支持系统，总结了多方协作完善培养环境的经验，并给出了构建创新创业型人才支持系统的激励机制、设施配套机制以及环境完善机制的政策建议。周勇等（2013）以江苏省为例，分析了我国创新创业教育中存在的问题，认为创新文化是创新创业教育的基础。为实现创新创业教育的良性可持续发展，应积极转换理念、重构系统，完成创新创业教育生态系统的顶层设计，对创新创业型人才进行分类指导。刘润等（2017）对创新创业型人才培养的支持系统进行了研究，提出创新创业型人才培养支持体系的建设要为创业团队提供定制化服务，加强与地方政府的合作，从创意、技术、产业、市场出发，形成完整的生态链条，政、产、学协同推动创新创业型人才的培养。

第三节　主要研究内容和技术路线

一　主要研究内容

在"大众创业、万众创新"背景下，从系统观和协同创新的视角，将创新创业型人才协同创新培养作为系统进行研究，分析外部环境动态变化条件下协同创新培养系统运行和演变规律。诊断协同创新培养系统运行效率及各子系统间的协调性，进行协同创新培养系统反馈机制的演化博弈、协同创新培养系统反馈和演化机制系统动力学分析，并提出协同创新培养机制及系统优化设计的对策。

首先，调查分析协同创新培养创新创业型人才的现状及关键影响因素，建立创新创业型人才协同创新培养系统运行效率的综合模糊评价模型。其次，建立基于不同创新主体的动态博弈模型，探讨创新主体协同创新培养创新创业型人才过程中演化博弈模型，研究演化的稳定性、动态演化路径及演化机制等，揭示创新创业型人才协同创新培养系统运行的内在动力机制和反馈机制。最后，通过创新创业型人才协同创新培养系统反馈和演化机制的系统动力学分析，揭示协同创新培养的路径依赖以及系统演化的关键逻辑链条，并通过对不同的外部环境因素下创新创业型人才协同创新培养系统运行效率模拟对比，确定影响系统运行效率的敏感变量和政策杠杆作用点。

在研究方法上，本书规避了以往研究中定性研究为主、定量研究不全面、不深入的问题。借鉴博弈论的相关理论和方法，探讨创新主体协同创新培养创新创业型人才过程中知识分享演化博弈和演化博弈稳定策略，研究演化的稳定性、动态演化路径及演化机制等，从而揭示创新创业型人才协同创新培养系统运行的内在动力机制和反馈机制。在此基础上，借鉴系统论和系统动力学方法，进行创新创业型人才协同创新培养系统反馈和演化机制的系统动力学分析，通过对协同创新培养绩效的"效率场"模型仿真模拟研究，找出关键影响因素、主要因果回路和杠杆作用点。同时借鉴制度经济学中的路径依存观点和演化经济学中关于制度变迁的理论，揭示创新创业型人才协同创新培养的路径依赖，以及协同创新培养系统演化的关键逻辑链条。

二 技术路线

技术路线如图 1 - 1 所示：

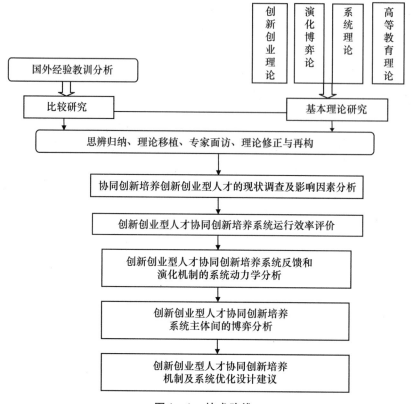

图 1 - 1　技术路线

调查分析协同创新培养创新创业型人才的现状，分析创新创业型人才的成长规律，诊断协同创新培养系统运行效率及各子系统间的协调性。通过创新创业型人才协同创新培养系统反馈机制的动态博弈分析，揭示创新创业型人才协同创新培养系统运行的内在动力机制及反馈机制。在此基础上，建立创新创业型人才协同创新培养系统反馈和演化机制的系统动力学分析，揭示创新创业型人才协同创新培养的路径依赖和协同创新培养系统演化的关键逻辑链条，确定影响系统运行效率的敏感变量和政策杠杆作用点。在模拟分析基础上，提出创新创业型人才协同创新培养机制和系统优化设计的对策建议。通过运用以下研究方法实现研究目标：

（一）文献研究、演绎推理与调查研究相结合。系统观视角下创新创业型人才协同创新培养涉及创新创业理论、人力资源理论、高等教育理论、系统科学理论、制度经济学以及博弈理论等。本部分可以在多领域文献研究的基础上，结合推理论证，探讨创新创业型人才协同创新培养有关的理论问题。

（二）系统论和系统动力学研究方法。借鉴系统论和系统动力学的理论和方法，进行创新创业型人才协同创新培养系统反馈和演化机制的系统动力学分析。系统动力学模型模拟是一种结构—功能模拟，它适用于处理具有高阶次、多回路和非线性反馈结构的复杂系统。同时，系统动力学的研究对象具备典型的自组织特征。不少学者运用系统动力学研究了教育—经济领域，但在创新创业型人才协同创新培养领域研究还不多。

本书主要研究创新创业型人才协同创新培养系统，涉及经济、教育、社会等多个领域（子系统），包含大学、科研机构、企业、政府、中介组织、创新创业型人才、家庭、个人等诸多主体，各子系统之间存在内在的相互耦合、相互影响，各子系统内部在创新创业型人才协同创新培养上存在竞争的关系。同时创新创业型人才培养受到来自外部的各种环境因素制约，如产业经济转型、新兴产业培育、社会因素、政策因素等，这些因素处于不断的动态变化中，对创新创业型人才培养施加影响。因此，创新创业型人才协同创新培养具备复杂社会经济系统的特征，由于受外部因素的影响，符合系统动力学的研究特点，适合采用系统动力学建模分析。

（三）理论研究和实证研究相结合。本书既借鉴国内外最新理论前沿成果进行理论上的分析和论证，还通过访谈、调研、个案分析等手段对创新创业型人才培养系统运行的系统效率、绩效评价、子系统间的协调度、产业结构的演变、创新创业型人才系统的演变趋势进行大量的实证研究。

（四）演化博弈方法与模糊评价法。运用演化博弈论分析创新主体协同创新培养创新创业型人才过程中的演化博弈关系。根据模糊数学理论和方法，提出创新创业型人才协同创新培养绩效评价和预警性评价。

第二章 相关概念及创新创业型人才的特质

第一节 系统论

一 系统论及原理

系统论起源于系统化的思想，系统指的是在特定的环境下，由一系列要素按照一定的规则组织起来的一种整体，组成系统的各个部分各自有序地发挥着其作用，各自扮演着不同的角色。系统论即是借鉴这种系统化思想的理论，最早是由学者拜尔陶隆菲（Bertalanffy）提出的，认为系统是各个要素按照一定的规则有序地组合在一起的，强调整体的功能大于各个组成要素之和的概念，拜尔陶隆菲强调，组成系统的各个要素功能好并不等于系统的功能好，只有将各个要素合理有序地组合在一起，各个组成部分各司其职，才会起到整体的优化效果，而各部分的简单相加是不可取的。随着信息技术的发展，现代社会所面临的已经不再是抽象简单的问题了，先前将各个部分抽取出来单独加以研究解决问题的方式已经不再适应快速变化与复杂环境下所面临的问题，单独解决某一环节或者某一构成部分的问题并不能保证整体的有效性，因而需要从整体出发，运用系统化的思维来解决问题，统筹安排。

在拜尔陶隆菲提出这一概念之后，许多学者从不同的角度对这一概念内涵进行了解释与完善，综合起来，主要有以下几种观点：第一种观点是从系统的构成要素出发对这一概念进行了诠释，认为系统是由一系列要素构成的，并且区别于传统的构成要素，持这种观点的学者认为在大系统之下有许多小系统，构成大系统的要素可能自身就是一种小系统，这种小系统之间的联合构成也可以成为构成要素，经过一系列的排列组合形成了具有特定功能的整体。第二种观点是从系统的功能出发对这一概念进行了诠释，认为系统的形成具有一定的目的性，即需要系统具备一定的功能，能够实现某一方面的独特功效，与其各个组成部分不同的是，系统的功能并不是其各个构成部分的简单相加，而是根据其最终实现的功能对各个构成要素进行重新排列与优化组合，最终形成各个构成部分所不具备的新功能，形成新的功效。第三种观点是从系统的环境出发来对这一概念进行研究与诠释，持这种观点的学者认为，系统的有效运行依赖于其所处的环境，系统内部形成合理的运作流程之后，需要不断地接收来自外部环境的资源、信息、能量等，以不断地使系统有效地运作，进一步地，持环境观的研究者将同一系统在不同外部环境下的表现称为系统的行为，在不同的外部环境刺激下，系统会表现出不同的行为。通过对以上三种观点进行综述可以得知，系统的思想即是一种整体化的思想，系统观即是一种整体化的观点，这种思想是将各个分散化的部分或者要素以一定的方式组合起来，以实现各个部分所不具备的特性，实现新的功能，因而，系统论的主要研究问题有两个：一是如何选择构成系统的要素，系统的功效并不是各个要素的简单相加，因而其构成要素并非越多越好，需要根据实现的目的来合理地选择构成要素；二是如何实现构成要素之间的优化组合，特别是在考虑了环境因素之后，如何实现系统与环境的融合成为系统能否合理有效运行的关键，在此基础上分析系统的规律以及其变动方式成为当下研究的重要内容。

由于系统论能够将各个构成要素以一定的方式组合起来，实现先前未有过的功能，因而，这种理论观点适用于解决复杂系统的优化分析，这种理论由创立之初的生物学理论逐渐演化为技术学理论与社会学理论，特别是在当下信息技术不断发展的时代，无论是科技领域还是社会领域，都面临着越来越多的信息资源，面临着越来越动荡的外部环境，如何在这种快速发展与变化的环境下解决问题，成为系统论研究的焦点问题。为便于各个学科领域的学者进行深入的探索，现有研究根据不同的标准来对系统进行了分类，以使系统论的观点应用于不同的研究领域，解决不同领域的研究问题。现有研究中对系统的分类主要遵循了以下几个方面的标准，在生物学领域，根据生物进化程度的高低划分为最原始的无机系统、包含动植物生命在内的生物系统以及包含人类关系在内的社会系统；在社会学领域，根据构成系统的元素与人的主观能动性，划分为天然形成系统与人为干预系统；根据系统要实现的功能以及与环境的关系，可以划分为单一目标系统与多重目标系统、封闭式系统与开放式系统，也可以划分为简单单功能系统与复杂多功能系统等，除此之外，还有关于系统元素构成、系统主客体关系、系统主导标准的划分方式。这些划分方式将系统划分成了不同的类型，将系统论的思想贯穿到了从生物学到社会学在内的各个领域，在很大程度上促进了各个领域的发展。

国内学者于德英（2004）[①]、盛四辈（2012）[②] 以及常绍舜（2011）[③] 等认为系统原理想要得到良好的应用需要遵守一系列的原则和标准，并在其系列研究中总结出了八个原则，认为只有遵循了这八个系统原则，系统论才能够完整地发挥出其效用。第一个原则是系统的整体性原则，这一原则指的是系统虽然是由不同的元素构成，但是需要将不同的元素结合起来对待；第二个原则是系统具有层次的原则，即在按照一定的标准对系统进行划分类型的基础上，组成系统的各个元素存在地位或者等级上的差异性，因而需要对系统的不同层次分别对待，形成差异性；第三个原则是系统的功能性原则，指的是系统的优化组合是为了实现某一个特定或者一组特定的功能，并朝着实现这一功能而不断地调整，系统具有朝着最终实现功能不断演化的特征；第四个原则是系统的突变原则，指的是组成系统的各个元素由于自身以及组成结构的不稳定性，会导致系统在某一情形下出现突变，

---

① 于德英：《用另一只眼睛看多元系统论——多元系统论的形式主义分析》，《中国翻译》2004 年第 4 期。

② 盛四辈：《系统论视角下的我国国家创新体系战略群演进研究》，博士学位论文，中国科学技术大学，2012 年，第 15 页。

③ 常绍舜：《从经典系统论到现代系统论》，《系统科学学报》2011 年第 3 期。

系统的管理者需要为应对这一突变提前做好准备；第五个原则指的是系统的自组织原则，这一原则指的是系统是一种开放式和非线性的组织，系统在内部要素与外部环境不断地产生作用的基础上，不断地强化相互之间的联系，内部各个要素之间的依存度会越来越强，最终会导致系统内部自发地演化，实现系统的自组织稳定化；第六个原则是系统的开放性，系统处于不断的变动过程中，需要不断地与外界进行信息、物质的交换，这种交换过程必然会导致系统的开放，封闭化的系统是难以获取到持续性稳定状态的；第七个原则指的是稳定性原则，即系统的功能一旦形成之后，再对其进行改变就需要克服原有的系统惯性，系统具有天然的保持自身稳定的特征，这使得在对系统作出改变的时候需要考虑到这种自身稳定的阻力，为系统的改变做足充分的准备；第八个原则指的是系统的相似性原则，这一原则指的是可以将不同类型的系统进行对比与复制研究，源于生物学领域的系统与高级的社会学领域的系统，虽然其指向对象与构成要素不同，实现的功能各异，但系统的基本机构却具有相似性，系统的优化变动以及重组均具有相似性，因而系统论才能够被复制应用于不同领域，解决不同领域的复杂问题。系统原理的这八个原则为更好地理解和运用系统解决问题提供了基本的思路与手段。

二　系统论的研究进展

系统论自产生以来，因其能够适用于复杂条件、复杂问题的解决而受到广泛关注，学者们在拜尔陶隆菲研究的基础上，对这一理论进行了更加深入的探索，以期更好地解决现实问题。现有学者一般将拜尔陶隆菲等人提出的系统论称为一般系统论，这是因为学者们认为这种基于生物学提出的系统论开创了一门新的科学，这种新科学的研究对象就是不同要素组成的系统，在系统论创立初期，学者们的主要精力集中于研究如何实现整体化的系统最优，即主要运用了整体化的思维探索系统运行的一般规律，所以学者们根据这一时期研究的特点，也将这种整体化系统研究理论称为经典系统理论。

陈效述、赵婷婷、郭玉泉和宋升佑（2003）在其研究中指出，经典系统理论中所研究的对象是整个系统，即将系统整体的功能实现或目标完成作为首要的研究任务，试图找到适用于所有系统的一般性规律，但是在现代化社会中，一个整体化的系统往往极其复杂，从整体出发的研究往往太过于庞杂而导致效果不佳，提出从各个研究对象的关系入手来重新审视系统理论，并在此基础上产生了一系列的成果，这种研究对象之间关系的系统理论被称为现代系统理论①。现代系统理论认为，构成系统的各个部分之间的关系对于系统整体的有效运行有着重要的影响，系统虽然不是各个组成部分的简单相加，但各个构成部分之间却是不可分离的，探讨系统中各个部分之间的关系以及各个部分与系统整体的关系是有益的，因而这种将关系考虑在内的系统论不再是简单的生物学理论，而是具有社会学理论的初步特征，因而将经典系统理论提升到了新的高度。

随着以互联网技术为代表的经济社会的快速发展，越来越复杂的社会经济问题成为系统理论的研究对象，相较于生物学领域的系统，社会学生态系统所涉及的研究对象更广、包含的关系更加复杂、需要考虑的因素更加广泛，因而传统的系统论亟须进一步升级来解决社会经济所面临的问题，复杂系统理论在这种情形下应运而生。现有关于复杂系统理论的研究主要以复杂自适应系统的研究以及复杂巨系统的研究为代表。复杂自适应系统的研究认为，虽然经济社会系统中所面临的问题纷繁复杂，但是在复杂系统的背后却隐藏着系统内外部的信息有序交流，持这种观点的学者认为，复杂系统的不断发展其实就是其内部各个要素之间不断适应系统内外部环境的过程，且两个因素推动了这种适应过程：一是系统内部各个要素之间不断地相互交流，在相互交流中不断地磨合和学习，不断地演变以达到共存的状态，这种系统内部的自我演化与相互作用、相互融合能够在原有系统中产生新的结构与功能，从而实现系统的自我调整，这是系统内部的驱动过程；二是外部的人为干预，系统各个要素之间由于其先天局限性，自

---

① 陈效述、赵婷婷、郭玉泉等：《中国经济系统的物质输入与输出分析》，《北京大学学报》（自然科学版）2003 年第 4 期。

适应或者自演化过程会受到很多因素（例如外部环境）的制约，且自演化过程可能会经过漫长的过程，此时人为的干预可以加速或者优化这种演化过程，达到整体系统的平衡或者升级。复杂巨系统的研究学者认为系统处在不断的动态变化过程中，但是在这种动态变化的过程中始终遵循着一定的规律，例如自组织就是一种自我演化的规律，认为复杂巨系统的行为特征是在简单系统基础上演化而来的，要想对这种复杂巨系统合理地管理就必须重视简单系统，认为即使是复杂系统也需要运用简单化的方式进行观察与处理，对复杂巨系统中居于核心位置的子系统、具有关键影响的系统节点以及起到桥接作用的系统空白点进行优化，从简单出发、从节点出发来研究复杂巨系统问题。

第二节 协同创新

一 协同创新起源和概念

经济学家约瑟夫·熊波特（Joseph Schumpete），在《经济发展理论》一书中，从产品、技术、市场、资源配置和组织等方面的创新赋予了"创新"一个宽泛的概念。"协同"一词最早源于古希腊，其本义是合作协调的意思。之后，1965 年安索福（Ansoff）认为企业的多元化问题需要不同的事业部之间进行协同。

目前经济学界对协同创新至今没有一个非常明确、令众人都接受的观点。但普遍认为协同一词最初源于协同学，所谓协同学，即由众多主体系统通过复杂的方式相互作用形成的一个复合系统，众多主体间合作共赢，使系统具有一定的功能，并能够产生相应的效用。20世纪 70 年代，物理学家哈肯（Haken）在《社会协同学》中指出群体中成员的合作成效是独自为战、无可比拟的。这一对激光理论的研究被扩展至社会经济领域，奠定了协同创新的基调。

在不同学者对协同创新概念的论述观点中，我们不难发现，虽然学者们至今未给协同创新一个明确定义，但对于其概念的理解，很多方面是具有共性的。在对协同创新的整体理解上，大多数学者都不约而同地赞成资源整合、要素聚合这一观点，他们强调不同主体之间的要素、资源共享，最终可以实现多主体之间的协同合作，效益优化。如王至宝（2013）将协同创新立足于区域之间，强调了区域协同创新是实现区域一体化的关键，认为单方创新带动区域综合创新，其本质主要表现为目标驱动、要素聚合、组织机制强化、优势互补；范如国（2014）运用复杂理论和协同学的基本观点，认为社会治理协同创新机制，是将社会复杂网络系统的各个要素（子系统）进行系统优化、整合、调节与控制，实现社会治理目的所应遵循的制度性安排和规则；林涛（2013）依托于高校创新平台，认为高校协同创新系统是由系统内的高校等组织和组织内的人才、技术等要素以及不同主体之间的资源流动所构成，通过资源聚集共享实现共同效益；范大勇（2015）着眼于企业的协同创新机制，认为在协同机制建立的基础之上实现不同要素之间相互制约、相互影响，最终形成非线性的相互作用，达成相互共享的目标；宁艳芳（2017）认为创新主体是作为一个利益共生体而存在的，创新主体通过创新资源的流动与共享，提高创新效率和质量，最终获得的效益远大于各主体效益的简单加和。

在概念论述中，很多学者也强调了知识共享、资源共享、优势互补的观点，如李久平（2013）认为产学研协同创新是企业、高校、科研院所建立在自身优势资源基础上的一种协同创新，强调知识整合的重要性，通过对知识的共享，协同学习、消化吸收，实现知识的创造和增值，最终实现协同效应；杨林（2015）认为协同创新是技术创新模式从封闭转向开放的必然结果，协同创新关键在于实现不同主体内部的知识交换和资源流动；贺新闻（2015）认为组织间的协同是产、学、研三大类组织相互之间在整合资源与信息共享基础上不断创新的组织模式。

而在近两年的趋势中，有部分学者对"协同创新"定义了过程二字，如杨耀武（2009）基于国内高校动态研究，他认为协同创新是指不同创新主体的创新要素有机配合，进而可以产生整体效应最优的协同过程；李飞（2107）结合动态能力理论，在四维度解析协同创新上，认为协同创新是一个需要持续学习、提高知识与资源积累的演化过程；唐朝永（2017）将人才集聚效应、创新绩效、协同创新网络三者有机结合，分析其相互作用得出结论：协同创新是人才集聚效应产生和提升的过程。他们将协同创新通过人才要素、知识要素、技术要素、组织要素、战略要素等各方面要素组合搭配，实现资源合理配置和效用增大。

在关于协同创新概念论述的过程中，对"协同"二字的理解也是众多学者所强调的。如陈劲（2012）立足于各主体之间的协同互动关系，认为协同创新是一个从沟通到协调再到合作，最终实现协同的过程；颜军梅（2014）通过构建的"新活动立体化关联模型"，强调不同创新主体产生多元主体协同效应；陈芳（2015）将其看作一个演化过程，在过程中注重能力提升，以便最终实现价值创造。协同创新追求的是一体化的深度协作，这是一个多主体（但是有主有辅，强调将其中某一机构看作主体）分工合作，注重整体协同效应的理念；陈金丹（2105）认为其是各类集群主体为实现社会经济效益，进行创新的各类互动和合作；张龙鹏（2016）在陈劲的观点上加以整合，认为协同创新强调不同组织直接的资源整合，从而实现效应从线性增长向非线性增长递进的过程。

张珩（2014）认为协同创新本质上是管理创新和组织模式创新；解雪梅（2015）认为协同创新是创新主体为实现创新增值而开展的一种跨界整合。在上述多位学者不同的论断之中，不难发现学者们对协同创新的目的的认识也具有一致性，均比较偏向于知识增值、创新增值、效应最优、效益最大等属于实现经济社会效益的方面。

协同创新是指打破组织界限，基于不同组织知识和资源进行的创新，不同组织互相配合从而获得更大的合作效益，并实现不同资源的优化配置。从国内外的研究表述来看，协同创新多为创新主体之间形成的知识分享机制。通常情况下，协同创新多为企业、政府、大学、科研机构和顾客之间的知识共享和知识整合，从而达到大幅度整合各种资源、需求的协同创新模式。因此，可以说协同创新是不同主体为了共同利益通过互相开放知识资源，然后以各取所需的方式共同创新进步、互相学习利用的一种"资源共享"行为。

综上所述，协同创新以新型创新平台为依托，协同整合多方优势资源要素，在知识分享、协同互动的基础上实现不同主体之间优势资源的聚合、共享、创新，突破不同主体之间的壁垒，依靠这种复杂的创新组织方式使效应实现互补、放大和优化。

二　协同创新的环境

协同创新的环境因素可以分为外部环境和内部环境。主要包括企业自身的创新体制、协同机制、政府政策或相关的法律政策、企业的基础设施建设等众多因素。

（一）外部环境

良好、稳定的外部环境是组织进行协同创新必要的前提。一个优良的外部环境应该由政治、经济、法律、人文、技术以及市场环境有机结合、相互协同构成。

（二）内部环境

在协同创新的各个主体进行合作共赢时，稳健的内部环境是前提和保障。一个健全的内部环境应该由战略、组织、领导、生产、信息等系统有机结合、相互协同构成。内部环境可以根据实际情况作出适当的调整，结合企业本身的特点和优缺点趋利避害，以谋求长远发展。

三　协同创新主体间的协同

企业协同创新的实现主要取决于各个相关主体之间的协调合作的配合程度，因此下面分析各个主体间的协同创新关系。

（一）企业与企业的协同

企业是协同创新的主体和领导者，因此在协同创新中，企业与供应商、采购商、顾客以及竞争者之间组成“B2B”的协同创新网络。这一协同创新关系网络中，企业生产能力的提升，需要多方面的合作共赢和优势资源互补。

（二）企业与学术组织的协同

大学、科研院所等都可成为学术组织，学术组织是一种重要的协同创新资源。企业通过和众多高校以及科研院所协作，从中得到权威核心的知识技能，提高企业的技术竞争力，进而提高效益。并提前为企业新生代寻找栋梁之材，给予高校师生以"用武之地"。

（三）企业与政府的协同

政府作为协同创新主体中一个特殊的存在也是比较重要的一方。政府通过宏观调控和政策协调作用来影响企业的决策分析。政府的某些积极政策可能会吸引企业投资创新项目等。政府也需要充分利用其调控作用，给予企业适当的资金支持，在企业与其他组织的合作中扮演行政干预角色，积极鼓励其合作。

（四）企业与顾客的协同

企业与客户协同创新是一种比较前沿的创新模式，也是最不成熟、比较难实现的一种协同，它首先需要企业充分挖掘客户的潜在需求，分析消费趋好。然后能寻找与顾客交流合作的机会，在反馈信息中寻找机遇和突破。

四　协同创新绩效的考核及影响因素

（一）协同创新绩效的考核

对协同创新绩效的考核是一项必要的工作。协同创新绩效可以从利益分配和风险分摊两方面来考核。即一次协同创新的效益要通过获得利益和需要承担的风险来多面衡量。

（二）协同创新绩效的影响因素

影响协同创新的主要因素有创新主体的创新能力、协同主体之间知识的分享程度、各个主体之间的沟通协调能力以及创新的环境等。首先创新能力是协同创新的根本，创新主体必须有足够的技术创新人才，加之完善健全的制度创新能力才可有协同创新的基础。其次是知识的分享程度，协同主体之间的知识开放程度决定了互相学习到有效知识技术的多少，是协同创新核心的要求。再次是各个主体间的协调沟通能力，通过良好和谐的沟通来建立多方主体间的信任合作关系是协同创新背后的重要纽带。最后是良好的创新环境，各个创新主体应该通过建立健全稳健的制度体系来共同营造良好的创新氛围，以最好的环境孕育更好的创新成果。

五 协同创新研究的欠缺及相应的改进措施

（一）研究上的欠缺和不足

目前学者们的研究大多从协同创新的绩效评价和影响因素等方面入手，但研究结果各有千秋，对于细节的探讨意见偏颇；关于协同创新的影响因素方面异议颇多，难以在某些具体内容上达成共识；对于协同创新绩效的评价标准更是各有各的参考标准；随着社会、经济的发展，现在对于协同创新的定义还需要深入探讨加以表述，避免假、大、空的标杆定义；最重要的是所有的研究应该尽可能多地结合相关案例进行分析实证，以增强说服力和可视性。

（二）相应的改进措施

随着对协同创新研究的重视，相关研究层出不穷，其中的核心思想和不足之处如上所述，鉴于其理论研究的价值和实际意义的重要性，相关研究问题的改进更是刻不容缓。

第一，拓宽研究领域。目前协同创新研究的研究对象主要是企业，对高校的协同创新涉及甚少，更是鲜少涉及政府、公共领域、中介组织、科研院所等。因此，应拓宽研究领域。第二，完善研究系统。对于协同创新的主体和具体内容及要素的研究是当前研究的主要内容，但是对协同创新的具体运营流程研究较少。因此，应完善研究的系统性，提高协同创新研究的完整性。第三，丰富实证研究方法。思想性、理念性、框架性的研究是主要的研究方法，但极少涉及微观层面的实证研究，特别是宏观和微观相结合的系统研究。

第三节　创新创业型人才的特质及素质

一 创新创业型人才

我国关于人才的概念可以追溯到汉代，《诗经·小雅》中最早出现了人才的字眼，历史的发展表明了人才在社会的发展和历史的进步方面起到了重要的作用。现有关于人才的定义各不相同，部分学者认为具备某种素质和某种特长的人即为人才，国内学者徐建龙（2015）

认为能够进行创造性的劳动，且其劳动对社会能够产生贡献的人就可以被认为是人才，但是这种概念显然过于模糊，并没有为人才划定具体的标准，仅能作为一种参考标准（赵曙明，1995）①。

在创新型人才研究方面，吉尔福德（Guilford）从心理学的角度进行了探索，认为创新型人才具有比较特殊的创新人格，这些创新人格使得创新型人才区别于一般人才。这些创新人格包括具有独立性、对身边事物敏感、充满了好奇心、愿意对未知的事物进行探索、具有创新兴趣、具有毅力，能够对自己感兴趣的事情进行持续不断的跟踪与研究等。李州（2014）总结了国内学者对创新型人才的研究，发现创新型人才是能够在不断地吸取先前经验的基础上，发现新的问题、想到新的解决问题的方式、最终能够带来社会和经济价值的人才②。在创业型人才研究方面，早期研究认为创业者就是创业型人才，这些研究认为创业者是创建新的企业，且通过新的企业对资源进行重新分配，使得资源能够得到充分有效利用并提升生产效率的人。在这一定义中，有两方面的内涵得到了后来研究者的广泛认可，即创业者首先是创立企业的人，扮演着企业家角色，其次创业者具有创新精神，能够创新性地分配资源、提升资源的利用效率。由此可见，创业型人才的内涵中也包含着创新精神。

实际上，创新与创业是两个既有联系又有区别的词，在现有研究中，创新型人才与创业型人才分别形成了各自的研究领域与研究脉络，但是将这两者相结合进行研究还相对不成熟、不完善。从概念内涵上看，创新创业型人才结合了创新型人才与创业型人才的特征，但实际上，二者的简单相加并非是创新创业型人才的概念，李州（2015）在回顾了现有概念之后认为，对于创新创业型人才的定义具有广义与狭义之分，从广义上来定义创新创业型人才，可以认为具有创新精神或者创业精神的人才就是创新创业型人才，即是包含着创新型人才和创业型人才的全集；从狭义上讲，创新创业型人才是创新型

---

① 赵曙明：《中国企业人力资源管理》，南京大学出版社 1995 年版，第 40 页。

② 李州：《天津市滨海新区创新创业型人才开发研究》，硕士学位论文，燕山大学，2014 年，第 32 页。

人才与创业型人才的子集，即只有具备了创新型人才与创业型人才共有的特质才能称为创新创业型人才。一般而言，现有对创新创业型人才的研究将其作为一个独立的概念，从复合概念的基础上认为，既具有创新精神，又能够不断开拓创建企业，将创新成果推向市场，提升资源利用效率的人才才是创新创业型人才。

在创新创业型人才的构成方面，创新型人才主要由两方面的人员构成：一是企业中的研究人员，特别是以互联网信息技术为代表的高新技术企业，其内部员工一般具有较高学历、较高层次和较高素质，这部分人才也被称为企业的知识型员工；二是来自科研院所，包括高校、职业学院以及研究所等，在科研院所中的研究人员具有较强的创新性，这也常常被认为是创新型人才的主体构成部分，除此之外，创新型人才还广泛分布于各个领域。创业型人才的构成方面，主要有三方面的来源：一是传统的创业者，即参与创立企业的创始人被认为是创业型人才；二是社会创业者，认为借助于市场来满足社会中的某项公共需求的创业者是创业型人才；三是科研院所中的研究人员，在将科研成果转化的过程中创建企业，为科研成果服务，这部分研究人员可以被认为是创业型人才。从以上的创新与创业型人才的来源与构成方面看，创新与创业型人才之间存在着交叉，例如科研院所的研究人员，既可以被认为是创新型人才，当其将研究成果进行市场化时，又可以被认为是创业型人才。在本部分中，创新创业型人才即是从狭义的角度进行定义，从复合人才的角度认为只有同时具备了创新型人才与创业型人才的特质，才可以被认为是创新创业型人才。

二 创新创业型人才的特质

现有研究认为，创新创业型人才有别于其他类型人才的关键就是其具有独特的品质，这些特质使得创新创业型人才能够在"大众创新，万众创业"的浪潮中发挥着关键作用，引领着经济社会不断向前发展。通过总结与梳理现有关于创新型人才与创业型人才的研究可以发现，创新创业型人才主要有以下几方面的特质：

（一）具有充分的知识与经验积累

在互联网信息迅速发展的社会，没有良好的积累是难以一鸣惊人创业成功的，创新并不是凭空进行捏造与臆想，而是在前人研究基础上不断地进行改进与调整，最终实现技术的质变，越来越多的创新创业型人才朝着复合人才的方向发展，这就需要这部分人才具备知识与经验基础，在现有基础上不断地探索与创新，向着跨学科、跨领域的方向发展。

（二）具有创新意识

创新意识是创新创业型人才的一项重要特质，类似于创业警觉性，创新创业型人才能够及时发现他人所未觉察到的创新源，具备创新意识意味着对周边环境的变化极其敏感，能够及时发现蕴含在环境中的潜在变化，能够引领创新方向。托马斯·彼得斯曾经断言，要么创新，要么死亡，而要想创新，首先要从思想上认识到创新的重要性，时刻朝着创新方向努力。创新创业型人才能够在创新意识的引领下，不断地进行创新活动。

（三）具有强烈的创新欲望

郑琳琳、戴顺治、卢忠鸣和陈雅兰（2015）认为创新欲望代表着对于创新的渴望程度，这种不断的创新欲望激励着创新创业型人才不断地开拓新的领域、拓展新的方向，是创新创业活动的内在动力①。一般而言，创新创业型人才的创新欲望表现在三个方面：怀疑感、好奇心和创新兴趣。具有怀疑感意味着创新创业型人才并不满足于现有的状态，敢于挑战一切事物，跳出常规思维来对现存事物进行探索与研究，在这种不断地怀疑与挑战现有规则的情形下，很有可能发现现存事物的漏洞而摆脱其束缚，从而产生创新活动；好奇心意味着对周边一切事物保持兴奋度与新鲜感，更多的是一种主观感受，创新创业型人才的好奇心并未随着年龄与阅历的增长而减弱，而是持续保持着对身边事物和未知事物的好奇心；强烈的兴趣

---

① 郑琳琳、戴顺治、卢忠鸣等：《原始性创新人才人格特质实证研究》，《科学学研究》2015 年第 5 期。

指的是创新创业型人才能够对各类事物保持着兴趣，对创新活动有着强烈的爱好与认同，能够在创新创业过程中感受到快乐，对创新创业活动保持着激情。

（四）具有坚韧的毅力

创新创业并不是一蹴而就的，创业者往往会经历多次的失败与挫折，创业成功的概率往往是极低的，从事创新活动意味着挑战原有的规则、原有的制度，也存在着很大的失败风险，许多创新创业者往往在遭受挫折之后就会放弃，转而从事更简单、更容易成功的其他活动。但是创新创业型人才具备坚韧的创新毅力，敢于冒险，不怕失败，能够持之以恒地坚持自身所从事的事业，即使面临着失败也有重新站起来的勇气。正是这种持之以恒的毅力使得创新创业型人才能够在自己所从事的事业中坚持下去并最终取得成功。

（五）具有识别并把握开发机会的能力

创新创业型人才不仅具有创新精神与创新毅力，更重要的是能够在创新精神与创新毅力的前提下，发现机会并把握住机会，这是其取得成功的重要条件，创新创业型人才不惧怕失败并不意味着一直失败，从失败中总结经验教训并快速恢复才是其独有特质。识别机会意味着创新创业型人才对身边的机会具有高度的警觉性，能够先于他人发现这种创新创业征兆，从而可以提前准备，不断地积累自身能力，在积累到足够的资源和能力之后，创新创业型人才还具备开发机会的特质，即只有创新创业型人才才能够较好地把握住机会，从而在激烈的市场竞争中取得先机。

（六）具有良好的沟通、组织等管理能力和领导天赋

创新创业型人才不仅需要具备发现问题和创建企业的特质，更需要具备管理企业的特质，即需要具备企业家的精神。包括具有强烈的社会与企业责任感和认同感，能够同企业内外部的利益相关者保持良好的沟通关系，并通过这种良好的关系获取到企业发展所需要的信息与资源，同时创新创业型人才还需要在企业内部进行有效的组织和管理，使企业各项业务有条不紊地发展。

三　创新创业型人才的能力

创新创业型人才在成长过程中需要运用自身所掌握的知识、经验与资源来产生新的想法，发明新的产品、新技术，创建新企业，在此过程中，需要创新创业型人才具备一定的能力，只有具备了这些能力才能够减少不确定性、适应环境的变化，最终取得成功。在查阅了现有文献的基础上，笔者总结出了创新创业型人才需要具备的八种能力。

（一）创新能力

不断创新的能力是创新创业型人才所必需的能力，无论是在科学研究方面，还是在创业企业的管理、商业模式的选择方面，都离不开不断创新的能力，这种不断创新的能力是克服困难、不断取得新成就的要求，也是创新创业型人才的基础能力，薛永武认为，具有创新能力的人才的开发能力一般也较高，这就意味着其具有较高的潜力来从事未知的事物。

（二）资源整合利用能力

创新创业型人才面临着资源短缺与可用资源不能有效利用的矛盾，这就要求这类人才在现有可利用资源的基础上，不断地对资源进行整合重构，并在此基础上寻找与吸引新的资源加入，以便更好地把握住机会，支持现有工作，包括科研创新工作与创业企业工作。

（三）机会识别能力

在瞬息万变的市场环境中，许多好的想法、好的创业、好的机会稍纵即逝，在开发这些机会之前需要根据现有的知识经验与可用资源对机会进行有效识别，只有运用各种方式来探索和发现创新创业机会，才能够使这些机会和创业成为现实。

（四）组织管理能力

现有研究认为无论是创新过程还是创业过程，大部分是通过团队合作的方式完成，单打独斗式的创新创业已经不居主流地位，因而创新创业型人才需要具备组织管理能力来管理团队成员，通过团队合作的方式取得成功。

（五）承诺能力

承诺能力代表着创新创业型人才能够在自己所从事的领域中坚持下去，并在本领域中满足利益相关者的各种承诺，例如创新创业型人才所签订的各项协议、与所依托单位或支持机构完成的项目、上下游供应商之间的合作等，只有具备了承诺能力才能够取得各方的信任，更好地促进创新创业工作。

（六）关系能力

创新创业型人才的关系能力指的是其能够与周边的利益相关者建立良好与稳定的关系，这种关系既包括业务上的联系，也包括个体关系，还包括个体与群体之间的互动关系，只有具备这种关系能力才能够进一步地获取所需资源，获取利益相关者的支持。

（七）战略能力

战略能力是创新创业型人才应该具备的全局观能力，即能够为自己所从事的事业制定以及执行良好有效的战略，在提前谋划中考虑到各种状况并制定各种应对措施。

（八）自我反省能力

在创新创业过程中，自我反省能力是创新创业型人才需具备的能力之一，是创新创业者不断反思失败原因，从中总结经验教训，不断学习进步的能力。创新创业是一个对未知事物不断探索的过程，由于未知事物无借鉴经验，创新创业型人才在此过程中会不断地出现错误，遭遇挫折。对这类人才来说，反省的过程，就是总结经验、改正错误的过程，自我反省的能力决定了创业者能不能在失败、错误中学习正确的方法思路。

第三章 国内协同创新培养创新创业型人才的现状调查及影响因素分析

第一节 国内协同创新培养创新创业型人才的现状调查

中国经济发展步入经济新常态以来，科技创新对于经济的推动作用越来越重要。发挥创新重要作用，我国提出创新驱动发展战略；建设制造强国，我国推出《中国制造2025》；充分利用信息技术，我国启动"互联网＋"战略；协同共赢发展，我国推出"一带一路"倡议。在众多战略之中，起到关键且决定性作用的就是创新创业型人才。习近平同志《在十八届中央政治局第九次集体学习时的讲话》（以下简称《讲话》）中充分强调了创新创业型人才是创新驱动发展战略的引领动力，创新创业型人才的培养关系到国家战略的实施和经济的发展。《讲话》中提出要解决我国创新创业型人才结构性不足的矛盾，必须灵活运用人才，进行充分深入的教育方法、教育模式改革，为人才培养创造良好的环境。

习近平同志《在上海考察时的讲话》《在中央经济工作会议上的讲话》《在中央财经领导小组第七次会议上的讲话》等多次讲话中指明了创新创业型人才培养的方向和方法，明确创新创业型人才的培养工作是高等学校、企业、政府、科研院所应该联合起来共同探讨的一项重要工作。正如习近平同志所说，创新创业型人才的培养首先要具有前瞻性和战略性的顶层设计、政策支持。同时作为创新创业型人才的主要培养基地，全国各大高等学校在加强创新教育实践、改革教育模式与机制、培养可用型创新创业型人才方面发挥着十分关键的作用。创新创业型人才不仅能够更好地就业，解决高等学校结构性就业问题，更能够在就业之后促进就业单位的创新发展，进而促进国家战略的推进和经济社会的进步。

习近平同志《在十八届中央政治局第九次集体学习时的讲话》中指出要做好我国创新创业型人才的培养工作，首先要抓好顶层设计，政府部门要明确人才培养的战略和方向；其次是高等学校、企业和科研院所强化人才培养任务的落实；最终根据我国的人才培养的现状对症下药，完善人才培养体制和模式，提出切实可以改善我国创新创业状况的方法和建议。为了培养出更多更优秀的创新创业型人才以推动我国创新驱动发展等国家战略的实施，深化高等学校教育改革势在必行。

为实现制造强国的战略目标，2015 年国务院印发《中国制造2025》，传承了以人为本的理念，要求培养高创新素质、高创业能力的一大批人才，形成全民创新创业的良好社会氛围，实现我国科技创新能力的整体提升。实现《中国制造 2025》这份倡议需要一个实力雄厚的创新人才库的支持，为《中国制造 2025》培养不同层次的人才，各高等学校应从院校内涵建设、双师结构、应用研发并重等多方面进行改革发展，培养创新创业型人才。

2017 年 3 月，中华人民共和国人力资源和社会保障部发布了一项新的文件——《关于支持和鼓励事业单位专业技术人员创新创业的指导意见》（以下简称《指导意见》）。《指导意见》主要针对高校的教授、科研院所的研究员等，鼓励这些人员采取挂职、兼职、参与项目等方式参与到企业创新创业活动中去，还可以接受在职创业、离岗创业等优惠政策，极大地鼓励了事业单位人员的创新创业激情，仅河北省事业单位专业技术人员离岗创业人数就达到 493 人，到企业中参与项目创新研发的有 45 人。事业单位与企业之间人才的流动，不仅可以促进企业技术创新，而且可以同时带动高等学校、科研院所、企业的创新创业型人才培养，从根本上带动创新创业的发展，促进经济的发展。

在国家政策的带动和引领下，全国各高校已经采取了一些行动：

2016 年 12 月召开全国高校实践育人暨创新创业现场推进会，2017 年 6 月召开首届中国高校创新创业教育联盟会，与会机构对创新创业型人才培养模式改革展开讨论，分享经验，共同探讨未来走向；2017 年 1 月，由武汉大学、南开大学等八所高校和十家人文社科重点研究基地共同组建高校跨学科智库联合体；2017 年 5 月，包括北京大学、清华大学在内的 75 所高校成立高校人才工作联盟，充分发挥协同作用，带动科研发展和人才培养。

为响应国家的各项有关人才培养的政策，各省市针对本省的创新创业型人才培养现状提出引领未来人才培养发展的相关意见、实施方法。本部分将选取具有代表性的几个省市介绍其创新创业型人才培养的相关政策、高等学校所进行的人才培养模式的革新与发展，介绍有代表性的国家技术创新示范企业对于提升技术人才创新能力的先进举措，总结我国创新创业型人才的培养现状。

一　各省市高校创新创业型人才培养经验

（一）北京市

1. 政策引导

2016 年 6 月，北京市委发布《关于深化首都人才发展体制机制改革的实施意见》（以下简称《实施意见》）。《实施意见》指出要坚持市场导向，培养满足技术、经济发展需求的优秀人才，最大限度地激发和释放人才创新创造创业活力；坚持政、校、企、研协同创新培养人才，建立区域人才协同创新体制机制，以人才带动地区经济发展；推动政、校、企、研共建众创空间、创业孵化器、研究中心、研究基地等，营造联动共进的人才成长发展的创新创业环境。

据《北京市国民经济和社会发展第十三个五年规划纲要》《国家教育事业发展第十三个五年规划》等文件，2017 年 2 月，北京市政府发布《北京市"十三五"时期教育改革和发展规划》（以下简称《规划》）。《规划》明确了在 2016—2020 年，北京市将加强教育资源的统筹协调，促进北京市高等学校之间以及高等学校与知名企业、科研院所之间的协同，加大力度建设产、学、研联合培养基地、研究平台，以培养出的创新创业型人才带动全局性的创新。

2017 年 5 月，在北京交通大学召开了以进一步深化北京高校创新创业教育改革为目标的北京高校创新创业教育峰会。参加峰会的不仅包括 60 多所高校和创新创业教育相关机构，还有 230 多名企业代表参会，说明北京市的创新创业教育是与企业分割不开的。

自 2015 年启动"北京高等学校高精尖创新中心建设计划"至 2016 年 5 月，北京市认证了两批共 19 个"北京高等学校高精尖创新中心"，包括清华大学、北京航空航天大学、首都师范大学等学校，涵盖新兴技术、智能机器人、大数据等领域。创新中心依靠优质的科研资源、科研平台以及与企业的联合培养计划，为学生提供良好的科研创新环境，以一种创新型的培养模式，取得了不凡的科研成果和人才培养成果。

北京市 2016 年共培养本科生 741394 人，研究生 360160 人，成人高等教育学生 254284 人；普通高校专任教师 66149 人，比 2015 年增加 919 人；普通高等学校的教学科研仪器设备投入 5459048.73 万元，比 2015 年增加 515284.33 万元。由这些数据可见，北京市正逐步加大对高等教育的投入，培养创新创业型人才。

在政策引导下，北京市各部门机构都意识到创新人才培养模式的重要性，在北京市各大高校、企业、科研院所的协同创新、共同努力下，北京市的人才培养模式改革取得成效，人才的创新创业能力也得到提升。

2. 清华大学

清华大学从实验教学、综合实践和创新实践三方面，积极与企业、科研院所、地方建立合作关系，对学生进行协同培养。据统计，每年有 60% 以上的本科生能够参与到学校支持的 1000 多个项目中；每年有 4000 多人到全国各地 300 多个科研院所、企事业单位进行实践。同时学校成立了创业讲座、创新课程等创新创业平台，由学校教师、企业管理者、科研人员等共同对学生进行引导和培养。

清华大学也非常重视对本科生的职业发展指导，在本科教育过程中穿插兼顾专业发展与全面发展的职业发展指导。学校从各知名企业邀请管理人员、技术人员等对学生的职业生涯规划作出指导，使学生在明确市场发展对于人才需求的基础上，在本科学习期间有方向地学习相关的专业知识，自觉培养自身创新意识，提升自身创业能力。

清华大学打造以创客空间、"创＋"创业孵化平台、创新实验室（X－lab）为主体的创新创业教育平台，与各院系的创新实验室联动，实现创新与实践的结合，鼓励支持学生将其创新创业的想法付诸实践。同时，清华大学与东方电气、华为等众多知名企业建立合作伙伴关系，在全国成立180多个就业实践基地。

2011年，清华大学与百度携手开启"百度—清华拔尖创新人才培养计划"。百度公司与清华大学交叉信息研究院建立长期合作，在该学院设立奖学金项目，设计海量自然数据的信息处理等四大课题，以实际问题来引导培养创新创业型人才。

2016年12月，清华大学与航天恒星科技有限公司、中国联通智慧足迹数据科技有限公司等6家单位合作成立"国家新型城镇化大数据库"。该数据库为新型城镇化决策等提供科学的数据支撑，同时进行重大课题研究、技术创新和人才培养。

2017年1月，清华大学与北京嘉林药业合作，清华大学已建成的研究平台与嘉林药业共同研发抗癌药物，提升药物研发和创新能力，有利于清华大学学生和嘉林公司创新药物人才的共同培养。

2017年5月，清华大学与中冶集团建立合作关系，促进研究生的社会实践教育，实践与"一带一路"倡议紧密结合。"一带一路"倡议实施过程中的实际案例是学生创新创业教育的鲜活教材，在对实际案例讲解中，引导学生将理论知识运用到案例分析中，促进学生对知识的吸收；同时引导学生对"一带一路"建设的进展建言献策，培养学生的开拓性思维和创新性思维。

2017年6月，清华大学职业发展中心与新东方签署了人才合作协议，双方发挥各自的优势，协同培养人才，实现共赢。新东方将为清华大学学生提供实习实践的机会，学校给新东方提供满足现实发展需要的创新创业型人才。

清华大学也与地方建立良好的合作关系，既能够充分运用各地的独特资源优势，联合高校的优势，培养人才，也能发挥创新创业型人才的作用，推动地方经济的发展。近几年，清华大学和上海、天津、广东等各省市建立友好合作关系，签订战略合作协议，共同培养人才。

2017 年 4 月，清华大学与天津东丽建立校地合作关系，共建研究生社会实践基地。早在 2014 年，清华大学已在天津东丽建立天津高端装备院，至今已成立 26 个研究所，培育众多优秀人才，开展卓越的科技创新。

2017 年 5 月，清华大学与潮州市签署人才合作及社会实践协议，明确潮州市对于人才的需求，引进清华大学优秀人才；潮州市政府推出针对人才培养和发展的优惠政策，鼓励当地企业与清华大学合作，为学生提供实习实训的机会，实现校地双方共赢。

2017 年 7 月，清华大学与天津滨海新区合作开创了产、学、研合作新模式。清华大学的研究生和教师等到当地企事业单位考察调研，运用专业知识为其解决现实问题；同时，各院系博士生在滨海新区进行社会实践，在共建的创新创业生态环境中，锻炼自身实践能力。实现清华大学的人才智力优势与滨海新区实践优势的互补互促。

清华大学制定全球战略，积极与国外高校建立良好的合作关系，进行人才的联合培养。2014 年，清华大学与以色列特拉维夫大学成立交叉创新中心，并于 2016 年 9 月、2017 年 5 月开展两届中国—以色列创新论坛，以共同探讨创新创业型人才培养的思想、方法、模式为核心，进行了充分深入的交流；2017 年年初清华大学与意大利米兰理工大学合作，在意大利打造中意设计创新基地。

至今，清华大学共有 12 个国家级实验教学示范中心，3 个国家级虚拟仿真实验教学中心，它们与腾讯科技有限公司、东风汽车有限公司、中国建筑工程总公司等 14 个企业成立国家工程实践教育中心；与腾讯科技有限公司、人人公司等成立 7 个国家大学生校外实践教育基地。这些实践教育中心、实验教学中心等培养了众多创新创业型人才投入社会发展中。

3. 北京航空航天大学

2016 年，北航启动"筑梦飞天"研究生教育专项规划，进行资源的优化配置，深化研究生创新创业培养；开设 21 门企业实践讲堂，投入 340 万元建设实习实践基地 54 个；五年内共投入 700 万元支持博士生开展研究，投入 245 万元支持研究生进行创新探索，投入 720 万元奖励研究生的优秀科研成果。通过建设创新创业基地、优质课程引进、资助奖励等方式不断提升人才质量。

北京航空航天大学注重协同创新和高水平智库建设，历年来与众多知名企业签署战略合作协议，联合培养创新创业型人才。2016 年 6 月，北航与中国船舶重工集团公司合作，深入开展科研工作和人才培养；2016 年 7 月，北航青年教师走进中关村科技园区进行社会实践，与十几家科技园企业进行深度沟通学习；2016 年 10 月，北航与中国航空工业集团公司签订"北航—中航工业"奖学金协议，鼓励学生积极创新创业，提高自身能力。

北京航空航天大学也积极开展校政合作，将本校的人才优势、学科优势与政府的政策优势、区位优势等融合。2016 年 6 月，北航与浙江省人民政府签署合作协议，同时与湖州市、台州市分别签署了项目合作协议。2016 年 8 月，北航与成都市人民政府签署合作协议，同时与彭州市、中国人民解放军第五七一九工厂、西华大学建立合作关系，建设"北航西部国际创新港"。2017 年 4 月，北航与四川省进行合作，北航西部国际创新港团队入驻四川省军民融合协同创新中心产业园。2017 年 7 月，北京航空航天大学与京东方在合肥签署协议成立北航合肥科学城创新研究平台，科学城落地合肥，形成政、产、学的联合协作。科学城不仅能够把握产业发展前沿，不断推动产业创新，形成产学研协同培养创新创业型人才的生态环境，同时也能促进当地经济发展。

北京航空航天大学与上海交通大学等众多高校以及科研院所建立合作关系，整合优势资源，形成良好的科研、创新的生态环境供学生不断探索和成长。2006 年中科院与中国石油集团经济技术研究院成立共建中心，对能源与环境进行学术研究和新能源研发，与全球 30 多个国家建立合作伙伴关系。2017 年 7 月，在原有的规模上，北航经济管理学院和中石油安全与环保研究院加入共建中心，形成更具优势、规模的产、学、研共建的"能源与环境政策研究中心",继续进行能源与环境领域的研究。"研究中心"有了高等学校的加入,更能促进理论与实践的结合。产、学、研协同形成一个资源汇聚的平台、创新创业型人才培养的平台。

4. 首都经济贸易大学

首都经济贸易大学设立国际班、实验班、卓越班对学生进行多样化的培养。国际班学生可以获得到美国、德国、加拿大等多个国家的大学学习交流的机会;实验班为学生安排多种实操性课程,强化学生的动手能力,通过实际案例、项目激发学生的创新意识;卓越班为学生提供多样化的实习实训,注重培养学生的实践创业能力。首都经济贸易大学于2015年实施"北京高等学校高水平人才交叉培养",设置与美国加州大学等学校合作的"外培计划"、与清华大学等在京央属高校合作的"双培计划"、与科研院所合作的"实培计划"。

自2015年1月起,首都经济贸易大学启动"校友导师计划",校友与学生结对通过课程讲座、创业项目、主题沙龙等活动,向学生讲述在职时的工作经验和现实案例,使学生能够更好地将理论与实践相结合,提升自身创新创业能力。

2008年起,首都经济贸易大学与中企华资产评估有限公司共同建立"首经贸—中企华基地",至2016年,该基地成为中国唯一的资产评估行业省市级人才培养基地,首都经济贸易大学向中企华输送人才,中企华向首都经济贸易大学提供人才实习实训基地,双方联合培养了众多优秀人才。首都经济贸易大学会计学院为培养学生的实际操作能力,模拟企业财政部门,与经管试验中心、用友新道科技有限公司共同打造创新实训基地。2016年6月,首都经济贸易大学与北京光华纺织集团有限公司合作设立光华奖学金。2017年5月,首都经济贸易大学与正邦集团共建实习基地。

2015年,首都经济贸易大学与龙信数据有限公司组建"京津冀大数据研究中心",首都经济贸易大学与北京大学等共建"京津冀区域发展协同创新中心",首都经济贸易大学与中科院共建"京津冀协同发展智库"。首都经济贸易大学与政府、企业和科研院所协同合作,为京津冀地区经济发展和创新创业型人才培养作出了贡献。

2017 年 3 月，首都经济贸易大学与北京市地方税务局签订战略合作协议。2017 年 5 月，首都经济贸易大学与北京市政府研究室共同建设北京市经济社会发展政策研究基地，不仅作为北京市决策咨询机构，还搭建起学术交流平台，取得了优秀的科研成果。

（二）上海市

1. 政策引导

为响应教育部、财政部颁布的《高等学校创新能力提升计划》，2014 年，上海市根据上海高等学校的发展现状，制订了《上海市"2011 协同创新中心"发展行动计划（2013—2017 年)》，通过协同创新中心，整合优势资源，共同培养高校学生和企业技术人员等，提升其创新创业能力，带动经济发展。2015 年，上海市颁布《上海市高等职业教育创新发展行动计划（2015—2018 年)》《上海现代职业教育体系建设规划（2015—2030 年)》，对于经济社会发展和促进就业所需的技能型人才的培养作出了规划，强调推进产、学、研的协同联动。

上海市为培养创新创业型人才促进经济社会发展，制订了详尽的人才培养发展计划，陆续颁布了一系列文件：《关于实施〈上海中长期科学和技术发展规划纲要（2006—2020 年)〉若干人才配套政策的操作办法》《关于本市开展"高师带徒"培养高技能人才活动的通知》《关于进一步优化上海人才发展环境的若干意见》。文件中提出了许多具体实施方案，例如，按照政府引导、企业主体、市场导向原则建立创新人才培养基地，鼓励高等学校、科研院所、企业协同合作，共享资源，整合优势，共建重点实验室、研究基地等。

为强化上海市的创新创业型人才储备，提升上海市的人才创新创业能力，2015 年 7 月，上海市委市政府出台《关于深化人才工作体制机制改革促进人才创新创业的实施意见》（以下简称《实施意见》)。《实施意见》共分四大部分、20 条，其中第三部分详细地指出要建立更加灵活的人才管理机制。鼓励高等学校、科研院所、企业等积极创新人才培养的方法、模式，试点建立"学科（人才）特区"，充分运用各机构的人力、物力、财力资源；加强高校、科研院所、企业两两之间的人才交流，促进知识、技术的流通；推进产、学、研协同创新；鼓励高校创新教育模式，引导学生自主学习，促进其个性发展，培养其创造性思维。

上海市制定了高等教育的"十三五"规划，贯彻落实《上海市教育中长期改革与发展规划纲要》《上海市教育综合改革方案（2014—2020 年）》《上海高等教育布局结构与发展规划（2015—2030 年）》《上海高等学校学科发展与优化布局规划（2014—2020年）》等多项规划，坚持以人为本、改革创新，培养优秀人才。同时，根据上述规划文件，2016 年，上海市教育委员会颁布《关于开展上海高校专业学位研究生教育发展规划（2016—2020 年）》，培养高层次应用型人才，加快上海市的技术经济发展，加强上海市科创中心的国际影响力。

2016 年，上海市普通高等学校在校生 51.47 万人，比上年增加 0.60%，研究生 14.50 万人，比上年增加 4.84%，专任教师 4.23 万人，比上年增加 0.57%，全市公共教育预算支出 939.9 亿元。随着人才培养模式改革的进行，上海市对人才培养的经费支出逐年上涨，高校也培养了越来越多的优秀人才。

2. 同济大学

同济大学为学生提供了创新创业氛围浓厚的人才培养环境，让学生能更好地接受创新创业教育，提升创新创业能力。同济大学构建了汇集环同济知识经济圈、科技孵化基地、创业谷、大学生创新基地等创新创业教育生态环境。在优质的创新创业教育环境中，同济大学培养了众多优秀的创新创业型人才，并入选全国首批深化创新创业教育改革示范高校和 2017 年度全国高校创新创业典型经验高校 50 强。

2016 年 10 月，同济大学成立平台型实体学院——创新创业学院，学院与其他院系和部门协调统一，为学生提供创新创业教育和创新创业实践。创新创业学院重视学生的跨学科知识的全面学习和灵活运用，重视启发学生自主进行创造性思考，重视培养学生的实际操作能力。创新创业学院独创"创新创业＋1"的培养模式，为学生传授创业技术和方法，带领学生参观科技孵化基地和创业谷等创业企业，开办跨学科的讲座，学业导师、创业导师和服务导师功能沟通，引导学生进行创新创业活动。同时创新学生的课程安排，不仅有知识的讲授，还包括灵活的案例分析、创业调研、制订商业计划书等。

同济大学与全国各地政府建立友好的校地合作关系。2016 年，同济大学与四川省、云南省签订合作协议；2017 年 3 月，同济大学与浙江省东阳市共建"同济大学建筑与城市规划学院教学创新基地——东阳传统营造实习基地"，为学生开设实践课程；2017 年 6 月，同济大学与上海市崇明区签订战略合作框架协议，双方设立"同济大学崇明世界生态岛发展研究中心"，共建可再生能源利用等多个研究基地和教学实践基地，致力于崇明生态岛建设和同济大学创新创业型人才培养。

2017 年 7 月，同济大学与宜宾市建立校地合作关系，联合在新能源汽车和轨道交通产业做深入研究开发，在研发过程中不断带动创新创业型人才的培养。结合同济大学的人才、科技优势与宜宾的产业发展优势，共建同济大学宜宾科技创新园区和新能源汽车产业研究院等，推动合作的进一步深化，为高校人才提供实践实训基地，同时也能促进科技研发创新发展。

2016 年 3 月，为提升人才团队的素质、打造高水平专家智库，同济大学与上海颂鼎社会公益创新发展中心建立"大学生创新与创业实训基地"，培养公益创新创业方面的专业人才。

2017 年 5 月，同济大学分别与上海嘉定交通发展集团有限公司和中国电力建设集团建立合作关系，进行创新、研发、人才、产学研用结合、成果转化等方面的协同推进，实现共赢。

2017 年 7 月，50 余名中国中车的领军技术人才到同济大学深造，借助同济大学的人才资源、教学资源等进行集中研修，进一步提升科技人才的创新能力。中车技术人才到不同学院聆听院士的相关领域的现状、趋势讲解，举办沙龙，进行座谈互动，参观同济大学的工程实验室、研究中心等。中车与同济大学通过此次研修，加深二者的合作关系，将通过共建的"同济中车创新研究中心"进行创新创业型人才的深度培养和相关技术科研的深入发展。

2016 年 10 月，同济大学与成都工业职业技术学院签订协议培养高端技术技能型人才，同时成立中德（四川成都）跨企业培训中心。2016 年 12 月，同济大学、复旦大学等高校在同济创业谷成立长三角地区高校创新创业联盟，联盟协同长三角地区政府、企业和科研机构等共同发展，推动产、学、研结合培养创新创业型人才。2017 年 6 月，同济大学、意大利都灵理工大学和赛默飞世尔科技在医学、环境和化工等领域展开合作，携手通过产、学、研联动开展学生的实习实训，培养创新创业型人才。另外，同济大学与中国矿业大学（北京）等众多国内外知名高校建立合作关系，共同致力于培养优秀的创新创业型人才。

3. 复旦大学

复旦大学为培养学生的创新创业能力，探索出创新创业型人才培养多种课程形式结合的方式。例如，组织学生参观由复旦资产经营有限公司和复旦科技园、上海电信合作共建的复旦科技园众创空间，向学生展示科技园孵化的众多科技成果和创业故事；邀请资深专家为学生讲解创新创业的经验等。

复旦大学开展人才培养计划，开设"创新创意与行业发展"专项教育课程，开课 30 余门；推动专业课堂教育与行业实训、业界动态有机结合；复旦大学与上海市杨浦区合作设立"中国（上海）创业者公共实训基地复旦就业创业工作站""创业企业联盟"等，邀请企业人员做创新创业系列讲座，间接丰富学生对于实际案例和工作经验的了解，实训基地为学生提供实习实训机会，直接提高学生的实际工作能力，激发学生的创新创业意识。

2015 年 12 月，创立创新创业学院，聘请 50 余名企业人员担任创业导师，分享其创业经验，指导学生开展创新创业活动。创新创业学院将企业正在进行的或成功完成的项目引入，通过对项目的讲解鼓励学生相互交流讨论，创造新想法。学院设置创新交叉实验室、创业实训湾和各种创新俱乐部等平台，使学生能够与学校教师、企业人员、科研人员等进行零距离的沟通，不断提升学生的创新意识、创业能力。

2015 年 12 月，复旦大学举行杨浦企业"走进高校"活动，拉近了高校与企业的距离。十余家企业进入复旦大学进行交流，企业讲述科技发展动向，学校希望促进科技成果转化、发挥学科优势。企业与高校的协同将促进合作双方的共同发展，同时各企业的成功案例将成为人才培养的优质教程。

复旦大学与众多企业签订协议成立研究中心、研究基地等，对学生进行协同创新培养。2016 年 6 月，复旦大学与广西投资集团有限公司签订协议成立复旦广投研究中心；2016 年 8 月，复旦大学与雅安市签订协议成立研究生社会实践基地——雅安基地；2017 年 3 月，复旦大学与国家电网上海市电力公司共同建设电力大数据实验室，为企业发展注入了新的活力，同时也促进了科研与产业的有机结合和科研成果的转移转化。

4. 上海财经大学

上海财经大学于 2015 年 7 月成立创业学院，创业学院形成教学、研究、实践、孵化四个模块相互联动的人才培养结构。创业学院设立匡时班，作为上海财经大学创新创业型人才培养的主要载体之一，匡时班为学生提供创业课程理论指导、导师团队辅导、创业投资孵化等助其将创新创业的想法付诸实践。匡时班的学生在创业学院提供的近社会化的创新创业环境中能够积极主动地开拓创新，丰富经验。创业学院开展"创客星期"系列讲座，邀请知名企业人士等为学生讲解创新创业有关的经验和行业的发展动向。

上海财经大学国际工商管理学院推出"CLPT"创新能力培养平台，包括案例中心（Case Center）、实验中心（Laboratory Center）、实践基地（Practice/Research Base）和导师制（Tutorial System）四大模块，依托"1 + X + 3"课程体系培养人才，其中"1"指通识课程教育，"X"指多学科交叉课程教育，"3"指"拔尖计划""卓越计划""创业计划"个性化多元课程教育，课程体系的安排有利于实现校内各院系协同、校企协同培养人才。

2015 年，上海财经大学与冠生园集团、上海东方广播有限公司合作建立实践基地。2016 年 5 月，上海财经大学与上海万得信息技术股份有限公司合作共建人才培养基地。2016 年 8 月，上海财经大学青岛财富管理研究院与美国加州大学伯克利分校哈斯商学院战略合作成立"上财（青岛）—伯克利（哈斯）国际人才培养基地"，培养基地的建设不仅能够促进创新创业型人才的培养，也能促进青岛市、上海财经大学、加州大学伯克利分校三方的发展。

（三）山东省

1. 政策引导

"十二五"期间，山东省教育厅提出《山东省中长期教育改革和发展规划纲要（2011—2020 年）》，指出山东省目前知识和技术创新能力不能满足经济快速发展的要求；高等学校现行的教学方法和人才培养模式下培养的人才不能够充分满足创新创业促进经济发展的要求。高等学校联合企业、科研院所实现协同培养人才的模式改革势在必行，只有这样，才能实现教育大省向教育强省跨越。

"十二五"期间启动的"泰山产业领军人才工程""千人计划""万人计划"等取得了不凡的成果，截至"十二五"末，山东省人才总规模达到 1477 万人，比 2010 年增长 51.5%，国家级高新区达到 13 个，比 2010 年增加 6 个。在"十二五"的人才发展目标顺利完成的基础上，2016 年 7 月，山东省制定了《"十三五"人才发展规划》，将继续推进创新创业型人才培养进程。

为加强"十三五"期间各高校协同创新中心的进一步发展，2017年省财政安排高校协同创新计划专项资金 1 亿元，分别分派给首批立项建设的 14 个协同创新中心，其中理工类每个 200 万元，文科类每个 100 万元，以维持鼓励协同创新中心的运行并取得相应成就。对首批培育建设的 12 个协同创新中心给予重点支持，给予每个理工类 710 万元左右、每个文科类 180 万元左右的资金支持。协同创新的成效极大地鼓舞了高等学校对人才培养模式的不断探索。

2016 年 4 月，山东省办公厅颁布文件，指出山东省各高校将陆续推行学分制教学，设置创新创业学分，鼓励学生自发进行创新创业。同时政府支持各地高等学校、科研院所和企业联合建设大学科技园、企业孵化器等，为高校学生和企业职工提供实践学习的场所，使其能够充分学以致用不断提升创新能力。

2016 年 7 月，山东省根据国家人才培养相关政策，发布《关于深化人才发展体制机制改革的实施意见》，2016 年 11 月，山东省教育厅出台《关于做好本科专业人才培养方案编制工作的通知》。文件中均强调人才的个性化和自主化学习，注重创新教育，要求加强对高校学生的通识教育和实践教学，实现校内基础教学、创新型教学、校外实践教学互动互融，升级创新创业型人才的培养工作。

为实现《国家中长期教育改革和发展规划纲要》（以下简称《规划纲要》）所提出的"实现山东省从教育大省向教育强省的跨越"这一中长期目标，山东省结合当前人才培养的实际状况，提出了一系列意见。例如，要落实高等学校、科研院所、企业和各类社会组织的用人自主权，加快建设人才改革试验区，健全产、学、研、用协同育人机制，大力推动企业人才资源开发，创新技术技能人才培养模式等。

表 3 - 1   近四年山东省高等教育的发展情况（2013—2016 年）

年份	普通高等教育本专科生（万人）	普通高等教育研究生（万人）	普通高校专任教师（万人）
2013	217.44	9.56	9.87
2014	226.08	9.77	10.41
2015	237.48	10.08	10.47
2016	250.50	10.62	10.77

由表 3 - 1 可见，从 2013 年到 2016 年普通高等教育本科生、研究生以及高校专任教师的数量都逐年上升，这也意味着有更多的人才能够接受到高等教育而提升自身创新创业能力，有更多的教师资源涌入高等学校促进创新创业型人才的培养。同时，普通高等学校的办学条件每年都在改善，教学科研辅助用房由 2013 年的 2417.62 万平方米增长到 2016 年的 2614.40 万平方米；教学科研仪器设备资产由2013 年的 178.15 亿元增长到 2016 年的 230.06 亿元。根据高校教学

的各种投入现状，《规划纲要》中指出高等教育的结构仍需进一步优化，高等学校根据各自学校的特色发展方向，对学科布局作出调整，强化优势学科，完善教育教学激励机制。同时政府相关部门也应加大对人才培养的财政投入。

由以上山东省教育厅发布的众多政策可以看出山东省对创新创业型人才培养的重视，响应政策号召，山东省各高校分别作出了相应的人才培养模式的调整和创新。

2. 山东大学

山东大学近年来一直不断探索新的创新创业型人才培养模式，积极与企业、科研院所结合以协同培养人才，形成了独具特色的多种人才培养模式。例如，订单式人才培养模式：山东大学与新汶矿业集团公司合作，定向培养人才4批共50人，学生毕业后可到新汶矿业集团工作；与潍柴动力合作培养订单式研究生共17人；与皇明集团合作资助学生完成学业；联合培养模式：山东大学与海信集团合作展开研究生的联合培养，通过校企合作项目等形式形成了"承担项目—人才培养—基地建设"三位一体的产、学、研创新模式。山东大学的人才培养以社会需求为导向，根据当前社会经济发展需要，开设新专业，例如，山东大学与济南钢铁集团沟通建立"2+1+1"合作模式。

山东大学启动"双导师制"，学校不仅拥有优秀的专业教师，还从海信集团、华电集团等多家企业中引进优秀的专业人员和管理人员到学校做兼职教师。对学生进行理论与实践的双重教育，引导学生自主将理论知识运用到实践中，通过实践加深对理论知识的理解和运用。同时，山东大学与海信集团、五征集团、潍柴动力等企业建立大学生毕业实习和教学实践基地，使学生有机会参与到企业的实际工作和研发活动中，丰富学生的实践经验。

山东大学于2010年成立泰山学堂，培养学科拔尖创新人才，泰山学堂以培养大学问家、大科学家为目的，培养学生科研能力。2010年以来，山东大学还进行"卓越工程师教育培养计划""3+2"改革创新计划，成立了"华罗庚班""王汝昌班"等专业人才培养基地，深入推进"三跨四经历"的培养模式，与国内30多所知名高校、70

多所世界名校建立学生交流关系，使学生能够接受到不同学院、不同学校、不同国家的教育，同时也能进入企业中丰富自身实践经验。

山东大学近年来，依托物理、管理等 7 个国家级实验教学示范中心构建"电工与电子创新设计""创业教育与创业计划""互联网 +"等 12 个创新创业教育平台。同时与国内外知名企业合作成立众多协同创新中心。

2012 年山东大学成立"中国虹计划"协同创新中心，该协同创新中心协同山东信息通信技术研究院（SAICT）、国家信息通信国际创新园（CIIIC）四家单位，与同济大学、海尔集团、山东移动等单位结成"政产学研用"协同创新联盟。该协同创新中心致力于中国信息新模式的研究开发和应用，同时不断培养创新创业型人才，从根本上提升我国信息产业的创新发展水平。

2012 年山东大学与上海交通大学、复旦大学等 6 所高校联合成立金融风险定量计算与控制协同创新中心。该协同创新中心与各知名高校紧密合作，培养了一批金融研究与应用的高端人才。

2015 年山东大学成立国民健康社会风险预警协同创新中心，以"2011"计划为契机，以近 30 年的政、学、研、用平台为依托，汇聚 10 所高校、13 家卫生行政部门、10 家卫生业务机构、7 家地方政府和 6 国华人学者五大创新资源，整合人才、信息等资源，培养创新创业型人才，并解决当前国民健康等问题。

2016 年，山东大学专门出台《山东大学本科人才专项改革方案》（以下简称《改革方案》），提出要"转变人才培养理念""创新人才培养模式"等七大任务。《改革方案》强调要加强教育。同年，山东大学在青岛校区创立新型教学管理模式——书院制，设立"一多书院"和"从文书院"。书院涉及多院系，打破传统的学院制限制，进行跨学院的组织和管理，加强学生的通识教育，使学生能够接受到多学科的知识，促进学生进行自主学习和自主创新。同时配合实行导师制，为每个学生配备相应的导师，能够有针对性、有方向性地培养人才。

3. 青岛科技大学

青岛科技大学搭建"创新人才培养的政策经费平台、参赛平台、校内平台、校外平台"进行创新创业型人才培养。学校成立"大学生创业中心""创业工作办公室"等部门,设立专项基金,建立多个"大学生创业孵化基地"鼓励学生积极创新创业。青岛科技大学与美国特洛伊大学、英国哈德斯费尔德大学等20个国家和地区的106所国外高校协作。青岛科技大学与十多个国外企业共建联合实验室等,并引进企业家、专业学者兼职创新创业导师,壮大人才培养队伍。青岛科技大学与地方政府共同建立多个工业园区,不仅加强了人才的实践教育,也促进了地方经济发展。

青岛科技大学与当地众多企业建立紧密的合作关系。为加快产、学、研协同创办的青岛科技大学都市科技园建设,青岛科技大学与国内知名建设集团合资成立青岛科大都市科技园发展有限公司,进一步完善创新创业型人才的培养。2015年,青岛科技大学自动化学院与青岛蛙人网络技术有限公司共建"智华生涯工作坊",集合青岛科技大学的人才优势和企业的资金、信息等资源优势,深化对人才的协同创新培养。

2017年,青岛科技大学经管学院邀请海尔集团、青岛机场电商等多家企业的技术人员、管理人员入校成为学生的校外导师,为学生讲解工作案例。学院加大投入开展大学生创新创业指导,聘请青岛啤酒、海尔集团、中国银行等多家单位共20位成功企业人士担任学院创新创业导师,学院与多家企业搭建协同育人平台,使学生定期到企业中进行实习实践。学院还积极组织学生参加创新创业比赛,使学生灵活运用所学知识,学以致用。

同时,青岛科技大学以"一带一路"倡议为契机,于2015年与泰国宋卡王子大学和橡胶谷集团有限公司成立泰中国际橡胶学院,2017年与青岛中德生态园、中国计算机世界出版服务公司及德国帕德博恩大学建设青岛大学中德校区,学习德国"双元制""1+N"教育模式,形成具有青岛科技大学特色的创新创业型人才培养模式。

4. 济南大学

济南大学与济南市市中区人民政府政校共建创业学院,创业学院将综合进行创新创业型人才培养、企业孵化等。济南大学发布《济南大学大学生创新创业教育改革实施方案》，对现行的创新创业型人才培养模式进行升级改造。济南大学在课程设置上也作出了创新，建立"专业＋创新创业"的双创教育课程体系，进行学科间的交叉融合，加强通识教育。

济南大学与多家企业合作成立校企协同创新培养中心进行人才的联合培养，例如，与青岛昌盛日电器集团合作共建"济南农业创业空间"，建设"1个建安农业创客总部基地＋6大农业创客服务中心＋100家现代农业小微企业和创客项目"模式的"济南农业创客总部基地"。与台湾文化创意产业联盟合作建设海峡两岸文创学院，开展文化创意类企业孵化研究，推动两岸产学合作与创新创业，与海尔共建济大海尔创客空间。

济南大学对于创新创业型人才培养的资金投入从2011年的47.7万元增加到2015年的289万元，年均增幅高达66.28％。同时学校也通过政府、企业等渠道筹措资金，设立奖学金激励学生积极进行创新创业。近年来学校鼓励学生参加创新创业活动，2016年参与人数高达3.6万多人次。

5. 中国石油大学（华东）

中国石油大学充分运用当前互联网、信息科技的发展对创新创业型人才的培养方法进行改革。学校开设线上线下相结合的研讨课、通识课程等，推行研究型教学，激发学生的创新思想。根据学科特点，学校搭建模拟仿真实验平台，让学生能够在学校内进行实践训练。学校投资建成30间"互联网＋"教室，教师和学生可以在此进行深入的沟通互动，激发学生自主创新的思想。

6. 青岛理工大学

青岛理工大学创新了"五维驱动"创新创业型人才培养机制，分别从创新创业型人才培养政策制度、创新创业赛事、校内中心实验室、校外企业实习、科技项目转化五个方面来培养人才。很有代表性的是机械工程学院的"三三三"创新型工程人才培养模式，搭建三层递进式课内项目体系、三阶提升式课外科技创新平台、三环互补式校企联合培养体系。

二 国家技术创新示范企业的人才培养措施

2011 年以来，我国工业与信息化部和财政部联合开展国家技术创新示范企业认定工作，认定企业近 300 家，这些企业在技术创新方面均有独到之处，它们的人才培养方案对于其他行业企业有着借鉴作用，以下列举几家企业在创新创业型人才培养方面的措施。

（一）上海振华重工（集团）股份有限公司

上海振华重工二十几年来专注于自主研发、科技创新，在重型装备制造行业独树一帜。在不断创新改造过程中形成了集"科技研发体系""持续改进体系""协同创新体系"于一体的综合运行结构，形成独具特色的产、学、研、用相结合的技术创新体系。

上海振华重工启动"领军人才培养计划"，与全国范围内的各高校加强合作，引进高校优秀毕业生、青年人才，为其建立优质的创新创业环境，建立成果转化激励机制，加快科技成果研发和转化。

（二）沈阳机床（集团）有限责任公司

沈阳机床为人才队伍建立专门的保障体系，使人才队伍的建设与企业的技术研发、激励机制等协同配合，联动作用。沈阳机床在德国建立产品设计中心，在上海建立核心技术及智能优化创新研发中心，与高等学校、科研院所展开深入的产、学、研项目，以重大科技项目为依托，与清华大学、吉林大学、西安交通大学等 10 余所高校、科研院所以及兄弟企业建立创新创业联盟，对产业进行深入研究开发。

（三）奇瑞汽车股份有限公司

奇瑞汽车是我国汽车品牌自主创新成长的典范，成立 17 年来，奇瑞在技术产品的研发、创新创业型人才培养方面不断加大投入，以人才创新带动技术创新，取得了卓越的成就。

奇瑞汽车与高校、科研机构合作成立研发中心，设立科研工作站，引进高校人才在研发中心与公司技术人员共同进行技术改进和创新。奇瑞汽车邀请国内外知名汽车企业的专家作为公司人才的导师，邀请高等学校专业教授、科研院所科研人员到公司为企业员工进行理论知识的讲解，更新丰富公司人才的知识储备，从而运用到实际研发中，实现技术创新。

（四）中国中车长春轨道客车股份有限公司

长客股份在企业发展实际基础上，重视协同创新，坚持以技术创新带动企业发展。长客股份与中国科学院、清华大学等高校、科研院所及相关配套企业，整合各方优势，形成资源互补，展开了"高速车应用""系统集成"等多项课题的协同研究。长客股份联合高校、科研院所、企业等多方组建"城市轨道客车产业技术创新联盟"，以联盟的资源、信息等联合带动行业发展。

（五）武昌船舶重工集团有限公司

武船集团特别重视与高等学校、科研院所和企业之间建立协同创新创业型人才的培养模式，与中科院武汉分院共建高技术船舶工程研究中心；与华中科技大学共建力学、船舶与海洋工程装备博士后工作站；与相关行业企业联合成立创博与海洋工程高新技术产业化基地；与中石化石油工程机械有限公司、武汉大学等协同共建湖北省船舶与海洋工程装备院士工作中心。在这些研究中心和基地等的作用下，武船集团培养了一批批促进企业发展的技术创新人才。

三　我国创新创业型人才培养现状总结

（一）创新创业实践教育兴起，但课程设置仍需改进

目前国内许多高校都成立了创新创业学院或是创业学院，发挥着将各院系、各部门联系的媒介作用，各院系的学科通过创新创业学院进行交叉，拓宽了学生的知识面，促进不同学科的知识进行协同。大多高校进行了企业管理人员、技术人员引进工作，为学生呈现企业实际案例、传授工作经验。但是学校对创新创业课程的设置仍存在不足，学校设置的创新创业课程，例如专家讲座、实际案例分析等，这方面工作还处于一个比较表面化的状态，未能与学校设置的专业课程深度融合，以发挥协同效应促进学生创新创业能力的提高。

另外，对于学生的通识教育也引起了各高校的重视，北京大学的元培学院、清华大学的新雅书院、山东大学的书院制等都加强对学生的通识教育。但由于我国高校对通识教育的不重视，并没有在这方面

做足够的工作，导致学生在知识学习过程中遇到瓶颈，或者不能灵活地运用专业知识解决实际问题，进行创新创业思考与创造。所以高校在这方面仍需作出进一步改革创新，扩大通识教育的施教范围。

（二）"双导师制"兴起，但师资队伍仍需壮大

不少学校都兴起"双导师制"，例如，首都经贸大学独创的"校友导师制"，山东大学的"双导师制"。即高校为学生配备专业教学导师和创新创业导师，从理论和实践两方面来综合培养学生。这种导师配备方式使学生能够更好地将理论运用于实践中，提升自身创新创业能力。但高校普遍存在师资力量不足的现象，体现在理论传授僵化不变通、授课方式以教师授课为主、理论与实践未深入融合等。教师创新创业教育经验不足，不能将理论与实际案例融合起来为学生讲述；教师与企业之间交流不足，不能有方向地引导学生以满足社会发展需求；教师尚未改革授课方式，不能引发学生的创造性思考和主动学习的兴趣。

（三）科研中心等兴起，但校企研合作仍需深入

自政府部门颁布众多政策鼓励产、学、研、用联合培养人才以来，各高校均加强了协同企业、科研院所等机构协同培养创新创业型人才。高校与企业和科研院所成立众多以学院发展方向为依托、以企业项目为依托、以科研院所课题为依托的研究中心和实训基地，为学生提供了更多运用知识、参与实践的机会，提升了学生的创新创业能力。但高校的部分专业对于企业与之合作的吸引力不足，部分企业对于校企合作的重要性认识不足，政府部门推进校、企、研合作的工作不到位等。如此导致校、企、研合作不广泛，没有促进更大范围内的学校学生和企业技术人员等的创新创业培养；校、企、研合作不统一，没有建立统一目标，充分发挥各方优势以实现共赢；校、企、研合作不深入，没有发挥最大的协同效应。

"互联网＋"创新创业大赛和各校组织的创新创业大赛等的兴起，吸引越来越多的学生参与其中。在参赛过程中，学生不仅能够充分运用所学知识进行创新创业实践、加强自身团队合作能力，还能以某些项目的研发促进企业的技术发展。高校、企业、科研院所在项目、课

题等方面的合作仍需加强，在合作过程中以实践工作培养创新创业型
人才。

第二节 新兴产业企业发展对创新
创业型人才的需求

一 新兴产业企业发展对创新创业型人才量的需求

国务院于 2012 年出台《"十二五"国家战略性新兴产业发展规
划》，其中明确指出，将新兴产业的发展提升为国家层面的战略性发
展，随后国家各部门在七个新兴产业领域相继颁布指导性意见和相关
的配套扶持政策，这七个新兴产业领域包括节能环保、新一代信息技
术、高端装备制造、生物、新能源、新材料、新能源汽车。战略性新
兴产业迎来自己发展的春天，随后各种新兴产业企业如雨后春笋般迅
速建立和发展。而企业的发展离不开人才队伍的支持，于是企业对人
才的需求尤其是创新创业型高端人才的需求规模日渐扩大。2015 年
京津冀战略性新兴产业人才引进系列活动在天津启动，活动首次发布
新兴产业企业人才需求备忘录，目录中分门别类明确列出企业对创新
创业型人才的专业要求及需要数量。与此同时，与新兴产业企业对创
新创业型人才求贤若渴形成鲜明对比的是我国对创新创业型人才的培
养和输出却远远跟不上需求的增长。近年来，我国的高等教育虽然取
得了长足进步，培养和输出的高层次人才数量也逐年递增，具有高等
学历的就业人数在社会总就业人口中的比例也逐步上升，为新兴产业
企业输送了大量人才，但是创新创业型人才的数量仍然不能满足新兴
产业企业的需求量，这就造成了人才的供需矛盾，并且这种矛盾随着
时间发展越发突出。而这种供需矛盾如果长期存在，从长远角度讲不
仅会阻碍新兴产业企业的发展，更会影响国家战略性新兴产业的布
局，导致整个国家创新能力的下降；从现实角度讲，会加速各个地区
之间新兴产业企业对人才特别是创新创业型人才的争夺，而这种竞争
是饮鸩止渴式的恶性竞争，会导致地区之间形成壁垒，阻碍人才的流
动，阻碍信息的传递，从而阻碍良性竞争为企业带来发展机遇。这种

恶性竞争还会导致产业分布的集中化和地区间综合实力的两极分化。经济实力强的地区对创新创业型人才的吸引力度大，而竞争产生的壁垒又阻碍人才的流动，这就使得综合实力强的地区越来越强，新兴产业企业越来越集中。

分析全国总体新兴产业企业发展现状可知，由于国家相关政策的大力扶持，新兴产业企业对创新创业型人才的需求逐步递增，但是每个产业或者每个行业对创新创业型人才的需求规模不尽相同，同时对不同专业的创新创业型人才的需求规模也千差万别。根据国家人社部对各城市人力资源市场的需求调研显示，以科技研发设计人才、企业高级管理人才和工程技术人才为代表的创新创业型人才位列高层次人才需求的前三名；而以市场营销人才、机电产品装配人才和机械制造加工人才为代表的创新创业型人才位列高端技能人才需求的前三名。例如，作为我国具有代表性的内发性中等城市，扬州市的新兴产业企业发展需要创新创业型人才的大力推动。在接受调查的 134 家企业中，科技研发设计类人才需要 404 人、企业高级管理类人才需要 209 人、各类技能人才需要 3763 人、市场营销类人才需要 113 人。而据估计，未来五年扬州市经济技术开发区新兴产业企业需要博士 500 人，硕士 1000 人，本科生 8000 人，大中专生 8 万人，各类创新创业型人才的需求量共计将达 10 万人左右。

二 新兴产业企业发展对创新创业型人才质的需求

作为知识密集型产业之一的战略性新兴产业对知识获取和技术储备等具有高度的依赖性，因此，新兴产业企业对人才的需求不仅仅表现在数量上，在人才的质量上有着更高的要求，它要求人员不仅仅要具有良好的教育背景与知识储备等物质方面的能力，而作为创新创业型人才，更要有情商、逆商等精神方面的能力，而恰恰后者更为重要。譬如，对科技研发设计人才的定位，首先，他是"科技型"人才。所谓"科技型"人才，就是指已经掌握一般性的技能和知识，接受过长时间正规的培训和教育（这个过程一般是在大学和研究生阶段完成，是成为"科技型"人才的基础条件），为适应新兴产业的要求，还需要掌握特殊的技能和知识，这就需要其在所从事的专业领域进行特殊培训和教育（这一过程一般在所从事的新兴产业企业中进行），待达到合格条件后，即成为"科技型"人才。其次，他还是"研发型"人才。研发就是创造、创新，而只有创新才能保持新兴产业企业的旺盛活力，是新兴产业企业具有竞争力的动力源泉。而"研发型"人才就需要在"科技型"人才的基础上，长久保持对新知识、新技能、新科技、新技术研究的欲望，保持那颗"好奇心"，只有这样才能不断突破固有束缚，破茧成蝶完成创新。最后，他更是"设计型"人才，这就提出了更高的要求，它不像"科技型"人才那样只需要知识储备，也不像"研发型"人才那样只通过对已有事物的对比改进完成创新，而是去凭空创造事物，需要把知识技能发挥到极致，这是种能力的提升，然而这个过程中失败往往比成功多得多，这就需要情商、逆商构筑起强大的内心，这也是创新创业型人才的价值所在。所以对科技研发设计人才的定位，是基于"科技""研发""设计"三位一体、层层递进的关系，这也体现了新兴产业企业发展对创新创业型人才在质量上的要求。

再如，作为技术蓝领的高端技能人才承担着技术改造、技术革新、技术攻关和技术升级任务，他们是知识经济时代的生产排头兵，是支撑行业进步的内在动力，是支撑产业存在的中坚力量。而新兴产业企业对高端技能人才的质的需求可以用"三用"来概括。首先是"能用"，这也是对高端技能人才最基本的要求，一旦进入新兴产业企业就能立即进入生产角色，为企业创造价值，这一切的前提都是基于良好的职业素质和不间断的岗位培训。其次是"好用"，这点具体体现了人才对新兴产业企业的价值回报。当今时代，知识更新越来越快，今天掌握的技术也许明天就被淘汰，因此高端技能人才必须不断地接受岗位培训，储备新知识，掌握新技能。在这一过程中，学习的重要性就凸显出来。所谓"好用"，就是在不断更新知识的过程中，能迅速地将现有知识转化成生产力，使新兴产业企业长期保有强劲的竞争力。最后是"长用"，这也是高端技术人才自我价值的集中体现。所谓"长用"，就是在长期的工作过程中能够紧跟行业步伐，熟悉生产工艺流程，并不断地消化吸收新工艺，进行技术改造、技术革新、技术攻关和技术升级，这是对高端技能人才智商的考验，而这一切都是源于其专业的职业素养、面对失败的态度，这更是对高端技能人才情商和逆商的考验。

三　新兴产业企业发展对专业管理人才的需求

未来经济发展的主导产业是战略性新兴产业，它同时引领着世界产业的发展前景。战略性新兴产业是充分考虑到产业发展的长远性即可持续利益和全局性即大局利益。而新兴产业企业管理和运营必须由具备战略性眼光的专业管理者来掌控。因为只有专业并具有战略眼光的企业管理者才能平衡眼前利益和长远利益，才能平衡局部利益和全局利益，也只有具备这样能力的管理者才能保证国家、民族的可持续利益，才能保证合理有序地发展战略性新兴产业。战略性新兴产业脱胎于传统产业，虽然新兴产业企业与传统企业相比有着更为先进的组织架构，更有效率的运行机制，但是新兴产业企业刚刚兴起，在它身上仍然保留着传统企业的痕迹。这些痕迹表面上看不会对新兴产业企业的发展造成影响，但是实质上这些痕迹已经不适用于新兴企业的发展，时刻会成为新兴企业发展的绊脚石，也只有具备战略眼光的专业管理者才能发现这些羁绊，也只有他们才有能力去除这些障碍，及时完善和创新企业管理方式和组织形式，使新兴产业企业健康快速发展。在去除企业发展障碍的同时，具有战略发展眼光的专业企业管理者还会用他们的智慧为新兴产业企业的未来发展指引方向，形成独具匠心的商业模式，构建合理而安全高效的投融资体系，以及对细分市场的挖掘和开拓。因此，新兴产业企业的管理必须由具有战略眼光的专业管理人才作支撑。

我国专业管理人才尚且不能满足传统企业需求，这种供需矛盾会在新兴产业企业的管理人才需求中无限放大，这种需求紧张从短期来看，会影响新兴产业企业的成长，从长远角度讲会从战略上阻碍整个新兴产业的发展。基于以上现实，加大对专业管理人才的培育迫在眉睫，而独具战略眼光的专业管理人才更是可遇而不可求，这就要求广大的企业管理者在实际工作中要勇于实践，培养自己的战略能力。

四　新兴产业企业发展对拥有专门技能人才的需求

技术创新是战略性新兴产业的核心竞争力，而技术创新源于以科技研发设计人才、企业高级管理人才和工程技术人才为代表的高层次人才以及以市场营销人才、机电产品装配人才和机械制造加工人才为代表的高端技能人才，无论是高层次人才还是高端技能人才都同属于专业技术人才。因此专业技术人才是新兴产业企业得以生存和发展的基石。而专业技术人才之所以如此重要，是因为他们不仅有新兴产业企业发展所需要的技术，更在于他们的"专业"。从职能上看专业技术人员主要的任务就是技术攻关、技术改造、技术革新和技术升级。以高端装备制造业中的高速铁路动车组为例，科技研发设计人员主要负责动车组前期的研发、设计以及对引进国外技术的学习利用，结合技术与要求，形成新的工艺流程，以此作为技术储备为后期工程技术人员建设实施打下基础，而机械制造加工人员和机电产品装配人员则具体实施高铁动车组的生产和组装，企业高级管理人员则贯穿于高铁动车组生产的整个过程中，负责组织协调相关部门协同配合以及高铁动车组的后期运营，市场销售人员则负责整个国产高铁动车组的推广销售，让动车走出国门，让中国制造成为行业标准。

由此可见，新兴产业企业的各个生产、管理环节都离不开专业技术人员的参与，而且新兴产业是一个技术革新快的产业，企业虽然当前拥有与众不同的核心技术，但如果坐吃山空，止步不前，很快就会被同行超越，被行业淘汰，这就意味着新兴产业企业对专业技术人才的需求是一个持续的、长期的、动态的过程，这也表明企业对专业技术人才的需求无论从质的方面还是从量的方面来讲都同等重要。而从我国目前的现实来看，专业技术人才的持续供给能力不足，这不仅更加突出了供需矛盾，而且将是一个长期的现实问题，会在相当长的一段时间内制约新兴产业企业的发展。

第四章　国外协同创新培养创新创业型人才的经验分析

第一节　美国

美国1776年独立，短短240多年就从一个一穷二白的移民国家发展成为世界第一强国。尽管美国人口只占世界人口的5%，如今却拥有着43%的世界经济生产力和40%的高科技产品。其实，美国在19世纪初才开始从欧洲引进先进的科技设备。当时，不论在经济文化水平，还是科学技术发展水平上，美国都远远落后于英国、荷兰、法国等老牌资本主义国家。仅仅用了100年的时间，美国就赶超了英、法、德等欧洲工业强国几个世纪才积累的科技水平，在20世纪初就成为资本主义发达国家的领头羊。

美国的发展历程极好地诠释了创新创业型人才如何促进科学技术与生产力的紧密结合。第二次世界大战期间，世界各地的科技人才为躲避战乱纷纷涌入美国，为美国的科技发展带来了新鲜血液。其间，仅仅德国科学家就有数千名迁移到了美国，其中比较著名的有物理学家爱因斯坦和费米、V2火箭总设计师冯·布劳恩、经济学家费里德里希·李斯特等，为美国成为世界领先的科技强国、经济强国和文化强国作出了巨大贡献。

重视创新创业型人才引进和培养，注重科技成果市场化和产业化，一直都是美国的基本国策。美国培养创新创业型人才的理念深受教育学家杜威的影响。作为实用主义教育思想的典型代表，杜威提出了"教育即生活"和"学校即社会"的基本观点，认为学校本身必须是一种社会生活，并且校内学习应该与校外学习联结起来，两者关系紧密、相互影响。

基于美国创新创业型人才的协同培养机制，学术界研究比较多，概括来说，其特点可以归纳如下。首先，社会各主体对人才培养的发展目标一致认可，即认同创新创业型人才的培养是关乎国计民生的大事，社会各界都应该联合起来，在意识和目标上达成一致。其次，在资源总量有限的前提下，美国社会各界通力合作，开辟出了各种创新创业型人才的培养方式，以实现资源整合最优化，达到资源协同。最后，在协同机制运行过程中，各利益相关主体遵循一定的制度，进行科学管理，使得资源优势互补又具有效率，从而实现管理协同（金保华、王英，2016）。基于以上三方面，美国协同创新培养创新创业型人才的经验可以分析如下。

一　政府建立健全制度规范

20 世纪 70 年代，美国在经历了经济高速发展之后面临着滞胀的局面。美国政府着力针对培养创新创业型人才颁布了一系列相应的法律条文，诸如"高等教育""国防教育"，以及 2000 年颁布的《美国教育规则》等，以促进人才培养协同机制的制度规范性。

在建立健全制度规范方面，美国政府尤其重视高校的人才集聚作用，积极鼓励产、学、研合作。20 世纪 80 年代，美国政府颁布了《史蒂文森－威得勒技术创新法》，鼓励高校、科研机构与产业界的技术转让与产业合作。1981 年，《经济复苏法》由里根颁布，利用政策上的减税作用，提高创新培训和教育投资。美国政府不仅鼓励大企业参与高校创新创业型人才培养实践，同样通过种种优惠政策支持中小型企业参与其中。与大企业相比，中小企业参与应用型创新人才协同培养的方式更加灵活，尚有较大的发展空间。为推动中小企业的发展，美国政府颁布了《小企业创新发展法案》《联邦技术转让法》《加强小企业研究与发展法》等一系列法律。在法律基础上又制订了《中小企业创新研究计划》《小企业技术转移研究计划》等，推动了美国企业与高校之间的合作。美国政府在不断完善立法的同时，还制定科研战略规划，支持创建国家创新型平台。之后又发布"走向全球——美国创新的新政策"等科学政策，加大创新投资力度，大力支持基础研究，树立美国创新平台的全球影响力。

　　同时，美国政府还运用财政、税收、资金支持等措施促进创新创业型人才的协同培养，通过提供许多专项基金、低息贷款、减免税收等为产、学、研协同创新体系和创业生态环境的完善提供强大后盾。例如，1992 年美国政府实施的中小企业技术转移计划，把企业与大学或科研机构合作作为一项必要前提，动用联邦政府 2.5% 的研发预算来支持、推动小企业的技术研发与技术创新，不仅促进了大学和科研机构的科技成果转化，也为中小企业发展提供了新的契机。1990年美国商务部实施的先进技术计划，给予科研机构联盟进行应用研究的企业提供科研启动资金。这些企业可获得的启动资金高达 590 万美元，比进行独立研究的企业获得的资助多出了两倍。

　　近年来，美国政府为了培养更多创新创业型人才，支持和鼓励更多人从事创新创业活动，积极完善创业和营商环境。为了在国内营造更好的创新创业环境，美国政府还修改移民法，从全世界吸引优秀的创新创业型人才。美国华盛顿智库"信息技术及创新基金会"（ITIF）报告指出，目前美国的创新人才主要是那些推动科技发展的科学家和工程师，他们更多是来自海外、受过良好教育的美国移民。美国有35.5% 的技术创新者是海外移民，另有 10% 在美国出生，但父母有至少一人来自其他国家。2017 年，美国政府发布了《国际企业家条例》的美国移民 EB－6 创业工卡议案，为有意来美国创业的外国移民专门设计一种长期留在美国的签证，持有这个 EB－6 创业工卡签证的创业者能拥有最长有效期 5 年的美国签证。

　　这一系列政策为促进美国经济发展，培养创新创业型人才提供了长期、稳定的法律制度保障，不仅加强了协同机制各相关利益主体间的行为规范，引导了创新创业型人才协同创新培养，促进了产、学、研合作教育的发展，也大大改善了创新创业型人才的成长环境，为美国成为全球科技创新、经济领先的大国奠定了基础。

二　各协同主体角色定位明确

美国的教育理念深受杜威的影响，很早就意识到学校不应该是一个封闭的系统，而应该与社会各界紧密合作，优势互补，建立协同创新机制，共同培养创新人才。在协同创新培养机制中，学校作为主体，企业作为阵地，政府在学校和企业之间发挥着不可替代的引导作用。它们相互之间把培养创新创业型人才作为共同核心目标，相互促进，深化交流，提高效率。

首先，学校是创新创业型人才培养的主体。在平均教育水平上，美国位居前列，并且在联合国的经济指数调查中列为世界第一。美国在教育的各个方面，拥有很多竞争力强大的学校。全美有约 3600 所大学，在世界排名前 20 的大学中，美国就占据了 17 所。无论在本科教育、研究生教育，还是中小学教育，美国教育都会围绕着引领世界发展作为教育宗旨，培养学生的领导能力和创新能力。无论在经济管理，还是政治、艺术等领域，美国的高等教育都在全世界拥有极大的优势。目前，以大学为中心，美国建立起了几大创新集聚中心。其中，硅谷吸引了世界各地的青年才俊，引领全球科技发展。纵观硅谷的发展，离不开两所顶尖大学——斯坦福大学和加州伯克利大学。斯坦福大学近 30 年来不遗余力地引进和培养创新创业型人才，形成了一套完整的人才自循环系统。雄心勃勃的人才计划和与工业界的无缝对接，吸引了美国国内和世界各地的各领域顶尖人才都向美国西海岸聚集，为创新链条的构建提供了最关键的人力资本。在这个创新链条里，创新的进程由科研人员、创业者和市场主导，政府只提供法律保障，尽量简化审批流程，降低制度上的交易成本，缩短创新到市场的周期，提高创新效率和全要素生产效率。

其次，企业是创新创业型人才培养的重要阵地。在培养创新创业型人才方式上，学校和企业之间可以有很多种合作方式，其中最重要的就是企业向学校提供资金的支持。一些企业将设备或其他资源免费提供给合作的高校；一些企业将自己所赚的部分利润捐献给高校，或每年定额拨款给高校，以设立奖学金等形式鼓励高校老师和学生从事创新创业活动。有些企业还会瞄准高校的各种创新创业项目，不仅获得利益，还可以给创新创业人员各种支持，从而建立稳定的合作关系。很多美国院校还与企业合作，设置带薪实习课程（Co-operative Education Program，Co-op），或者鼓励老师来企业兼职。同时，企业人员也进入学校，成为学生创新创业的校外导师，为学生们上课，将企业的市场敏感性与学校的知识系统化相结合，培养创新创业型人才具有更全面的视野。此外，很多美国企业还通过提供高薪酬福利、平等轻松的工作环境、先进的企业文化等方式来吸引世界各地的青年人才，并且在工作中提供各种量体裁衣的培训项目，帮助创新型人才成长。

最后，美国政府为培育创新的协同机制提供制度保障。制定和实施各种法律法规，规范和引导教育机构与企业、社会组织的协同合作是美国政府的主要功能。此外，美国政府还设置了各种各样的专门机构来行使自己的职责，从宏观上对产学合作、维护积极的经济环境进行宏观调控。可见，培养创新创业型人才的各协作主体都分工明确，优势互补，相互促进。

三　专门化的协同组织和中介机构

政府、企业、学校三者在美国创新创业型人才培养协同体系中相互依存，高效运转，离不开专门化的协同组织机构。发起成立这些组织机构的主体和目的多种多样，总的来说，有政府成立的组织机构、企业成立的组织机构、学校成立的组织机构，也有社会组织自发成立的机构。

为了更好地引导应用型创新人才的培养，协调大学与企业之间的利益关系，美国政府成立了不同的专门化组织机构。1940年，美国政府组织成立了国防研究委员会，对国家的科学研究进行宏观管理。为了进一步促进产、学、研合作，1962年和1963年美国又分别成立了合作教育委员会与合作教育协会，大大促进了产、学、研的一体化，也扩大了产、学、研的合作。1993年，美国政府成立了国家科学技术委员会，该委员会下设4个学会和4个专门委员会，包括数学和物理学会、社会和行为科学学会、工程学会、人文资源委员会、社会技术系统委员会和国际关系委员会等，这些学会和专门委员会又下设局（部）、会、组等各级研究组织，整个组织机构相当庞大。通过设立多个大学科学研究委员会或学会、举办各种会议、开展联合调查研究、收集和分析研究数据资料等，给政府、企业和私人部门提供专门的研究计划基金和各类奖学金，以推动更多创新人才，包括科学家和技术人员参与的科学研究活动。美国国家科学研究委员会也得到了政府和私人基金会的大力支持，它的成立进一步巩固了政府、企业和高校之间的合作伙伴关系。

此外，高校与企业为了加强和促进人才协同培养机制的平稳性，设立了一系列的组织机构。例如，美国很多州立大学设立了专利许可机构，专门管理学校有关专利、技术转让等事宜。甚至还设立了企业关系办公室和赞助计划办公室等部门，负责协助研究人员申请外部资金支持，或者成为大学与企业、政府以及其他与科研相关机构联结的桥梁，维护创新创业型人才培养的协同网络。很多大学还成立了专门的创新创业学院，提供一系列创新创业教育课程，为支持大学生创业提供政策咨询、资金等各方面的支持。

此外，美国还有很多专门的创业服务机构遍布全国，最典型的有企业孵化器和大学科技园。早在 1959 年，在美国纽约就诞生了第一个科技孵化器。20 世纪 80 年代，科技孵化器极大地促进了科技成果转化，推动了生产力的发展，使得美国中小企业成为美国科技创新的主要力量。1985 年，美国成立了全美商业孵化器协会，致力于为创业者提供更广阔的平台，除了科技孵化，还提供办公空间和所需设备，大大促进了企业和人才的双重孵化。随着创业孵化器集团的出现，美国的创业孵化器开始向企业提供更多的增值服务，例如提供企业发展战略和管理方面的支持，提供市场分析、竞争分析和法律顾问等服务，为初创企业提供资金支持等，大大加速了初创企业的成长。创业孵化集团本身也是初创企业，具备了投资功能。随着孵化器产业的发展，创业孵化器的模式也越来越丰富，包括联合办公空间模式、生活与工作相结合的创业社区模式、服务功能全面的孵化器模式以及空间＋系统＋生态＋投资＋后台的加速器模式等。经过半个世纪的发展，美国成为企业孵化器产业发展最发达的国家，功能齐全的加速器是美国最成功的孵化空间，但数量还比较有限，在硅谷也只占到孵化空间的 5% 左右。目前美国福布斯榜排名前十的孵化空间基本都称自己为加速器，包括 Y Combinator、TechStars、500 startups、DreamIt Ventures、AngelPad 等。随着科技的日新月异，美国的众多创业孵化器也在不断进行着自我变革，以适应市场的发展。

在美国，与孵化机构类似的，还有大学科技园。1951 年，斯坦福大学创建了世界上首个专门化的大学科技园，之后成为世界闻名的硅谷。1959 年，以哈佛大学、麻省理工学院为依托，美国在马萨诸塞州又建立了 Route128 高技术开发区。这些大学科技园针对的群体更多是创业的大学衍生公司，旨在加强大学与企业、社会之间的衔接，帮助学术创业者撰写商业计划书、市场调研、商业评估、法律咨询、筹集风险投资等一站式服务。从这些科技创业园、孵化器走出来许多举世瞩目的创新创业型精英，例如 Facebook 联合创始人兼首席执行官马克·扎克伯格（Mark Zuckerberg）、Alphabet 联合创始人兼首席执行官拉里·佩奇（Larry Page）、打车服务供应商 Uber 联合创始人兼首席执行官特拉维斯·卡兰尼克（Travis Kalanick）、Twitter 和 Square 联合创始人兼首席执行官杰克·多西（Jack Dorsey）等，他们引领了世界科技发展与经济革新，也为美国成为全球综合国力翘楚作出了巨大贡献。

除了这些具有世界影响力的协同创新组织机构，美国还有遍布全国的创新创业服务机构和各种各样的中介结构。例如，联邦小企业管理局（SBA）、小企业发展中心（SBDC）、妇女企业中心等。它们有针对性地为创新创业型人才培养提供各种服务，包括创新创业培训、政策信息咨询、指导商业计划书的起草、提供银行合作担保贷款、帮助企业申请政府政策支持等。依托政府部门、高校、研究机构、专业协会、咨询服务公司等，美国还搭建了许多创新创业中介平台，包括政府、中介机构、高等院校、科研机构等。其中，风险投资机构主要为新创企业提供各种金融服务，例如贷款担保、风险资金以及其他相关的金融衍生服务；科技中介服务机构能针对知识产权、科技成果转化等为企业、高校、科研机构等协同创新主体提供专业的社会化服务，为企业和企业、企业和大学之间的合作牵线搭桥；信息咨询中介主要通过整合利用各种信息资源，搭建数据共享平台，以降低新创企业的交易成本与制度成本。这些中介服务机构遍布全国，形成了相当完备的服务体系，能更好地为创新创业型人才提供各种支持。美国不仅在实体机构上提供大量的创新创业服务，同时还设立了很多网站，为创新创业型人才提供技能培训、法律咨询等各种服务。尤其在移动互联网技术飞速发展的今天，各类创新创业服务平台也在不断推陈出新、与时俱进，为美国年青一代创新创业型人才带来更丰富的体验。

四　小结

美国的创新创业教育在世界一直走在前列。美国政府一直通过法律法规的完善和制度供给，在国家发展战略上，将创新创业型人才培养和引进视为重要内容。经过 50 年左右的发展，美国已经构建形成了一个相当完备的创新创业型人才培养体系。这个体系既涵盖了从小学、初中、高中、大学本科直到研究生的正规教育，也涵盖了社会活动等非正规教育。美国大学的创新创业教育不断创新，从最开始的校企合作、创业实践，到整合更多资源的创业孵化器、加速器等，形成了各种不同的培养模式。

美国的人才战略吸引了世界各地的创新人才，极大地推动了全人类科技的发展。而科技的发展又为进一步培养新的人才创造了条件。尤其在移动互联网技术日新月异的时代，传统的人才培养模式正受到巨大冲击，美国的教育也融入了越来越多的新元素，例如 MOOC 教育模式、个人体验实验、翻转课堂、孵化器创业实践等。根据全球政治经济局势和市场的变化，美国也在不断调整和完善自身的人才培养体系。协同机制的建立是美国创新创业型人才培养质量的重要保障，也是值得其他国家借鉴的宝贵经验。

第二节 欧洲

一 欧洲培养创新创业型人才情况概述

欧洲是世界第六大洲，有 45 个国家和地区，在地理上一般分为北欧、南欧、西欧、中欧和东欧五个地区。为了整合发展区域内的政治和经济资源，1991 年，欧共体马斯特里赫特首脑会议通过了《欧洲联盟条约》。1993 年，欧洲联盟正式成立，包括德国、法国、意大利、荷兰、比利时和卢森堡的 6 个创始成员国。现在，欧盟拥有 28 个会员国、24 种正式官方语言，显示了极大的文化多样性。

作为工业革命的发源地，欧洲不但历史悠久，还孕育出了各个领域的杰出人才。对于创新人才的定义，欧洲国家对此理解得比较宽泛，主要强调一个人的个性发展，同时培养创新意识和创新能力。大部分欧盟国家把创新创业教育作为一项推动经济和社会发展，走出萧条困境的重要战略，从婴幼儿教育到高等教育都具有欧洲特色。由于欧盟每个成员国都有自己的教育政策，因此，欧盟在教育领域着重致力于发起和协调欧盟成员国之间的教育合作项目，推动创新型人才培养。

（一）欧洲人才培养框架的统一

2002 年，欧盟发布了《哥本哈根宣言》，旨在建立欧洲统一标准，形成欧洲共同的原则和工具，推动创新创业型人才培训机制的变革。超过 30 多个国家签署了《哥本哈根宣言》，明确了欧洲学分互认体系以及培训质量保障的参照框架，鼓励人才的跨国流动。2007 年 11 月，欧盟委员会正式启动实施欧洲资格框架，简称 EQF，实现了各成员国教育和职业资格制度间的转换和互认。21 世纪初，欧洲议会和欧盟理事会强调要通过终身学习培养创新人才，充分利用欧洲的人力资源。通过把学习结果分为知识、技能和能力 3 个维度，欧洲形成了一套统一的含有 8 个等级的指标体系，通过学分制推进学习单元模块化，给学习者提供灵活的选择空间，可以分阶段学习，完成各个模块的测评，然后取得部分或者完整的资格证书。这种学习方式更具弹性，充分调动了社会各阶层学习的积极性和参与性，进而建立了系统的职业生涯终身指导服务制度。在这个体系下，欧盟教育机构可以根据市场需要不断更新学习模块，引进最前沿、最实用的技能培训项目，有利于充分挖掘创新人才的潜力。此外，欧盟利用先进的教学和科研技术，不断推动新学习方式的大力发展，积极鼓励网上学习课程，建立教育资源的共享开放平台。

为了培养更多综合型创新人才，欧盟一直致力于人才培养的国际化，持续资助区域内人才的跨国学习流动，尤其注重高等教育资源的整合。欧盟境内的高等教育体系庞大而复杂，涵盖了4000多所高校、2000多万在校生、150多万教职员工。通过合作办学、联合培养等方式，欧盟国家20%的高校学生和6%的职业学校学生在学期间都参加过跨国学习交流活动。例如，2004年开始实施的伊拉斯谟世界项目（Erasmus Mundus Programme）是欧盟拨出近150亿欧元发起的一项高等教育交流计划，该项目资助400万欧洲人实现跨国流动。参与该项目的国际硕士学生可获得每个月700欧元左右的奖学金，每一学年都在欧洲不同国家的合作高校进行学习，完成要求的课程模块，通过考核就可以获得指定大学的硕士学历学位证书。随着创新人才培养经验的积累，参与伊拉斯谟世界项目的学生、学者从原有的硕士已经扩大至学士和博士层面，资助的奖学金和研修金数额也不断提高。该项目吸引了来自世界各地的优秀青年才俊，在跨文化、跨专业、综合性、创新创业型人才培养上积累了成功经验。

（二）产、学、研结合协同创新联盟

面对欧洲区域经济的变革和人口老龄化问题，如何推动产、学、研合作，促进创新创业型人才快速成长，实现更好的经济、政治、文化等领域的突破，成为欧盟关注的重点。

2008年，为了促进欧盟地区产、学、研一体化和培养卓越的创新型人才，欧洲创新与技术研究院（European Institute of Innovation and Technology，EIT）在匈牙利首都布达佩斯成立。该研究院设立了管理委员会和自主合作组织双层结构框架。其中，管理委员会主要负责制定研究院的发展战略、进行项目评估以及预算管理。自主合作组织由高等教育机构、研发机构、企业以及其他投资方组成，也被称为"知识和创新社区"。每个社区要求组成成员至少包括来自不同成员国的 3 个合作机构，并且至少包括 1 个高等教育机构和 1 个企业。欧洲创新与技术研究院成立至今，支持了一系列气候变暖、可再生能源、新兴信息和通信技术等领域的人才培养和科技成果转化项目，为通过考核的培训人员颁发高等教育机构和欧洲创新和技术研究院的联合毕业证书。

面对人口老龄化的挑战，欧盟实施了一系列青年人才培养方案。例如，2009 年发布了《欧盟青年战略》，鼓励青年积极参与社会生活实践，改善青年的教育环境，提供更多资源和机会提升青年人才的创新实践能力，推动青年创新人才的成长。2010 年，欧盟又发起《青年行动计划》，鼓励欧盟国家简化青年人才从校园踏入社会工作的程序，让青年人才学以致用，为他们在就业市场寻求更多发展机会。

为应对全球金融危机，促进经济和其他领域的增长，欧盟提出了非常明确的发展战略目标——利用科技创新和人才培养促进增长。2011 年欧盟依托欧洲创新与技术研究院公布了"地平线 2020"科研规划。该规划预算超过 700 亿欧元，涵盖了所有欧盟层次的重大科研项目，提出了就业率、科研投入、气候变化、高等教育和减贫五项指标。其实，早在 1984 年，欧盟就提出了"欧盟科研框架计划"，旨在集中科研力量研究国际前沿和竞争性科技难点。第七个科研框架计划持续时间为 2007 年到 2013 年，总预算超过 530 亿欧元，完成了多个欧盟成员国共同参与的重大科研项目。作为第八个科研框架计划，"地平线 2020"被赋予更多的期望。该规划持续时间到 2020 年，希望通过整合欧盟各国的科研资源，会聚更多卓越人才，促进科技创新，推动经济社会发展。

（三）欧洲各国创新创业型人才培养

欧盟积极推动欧洲各国的教育资源共享，培养跨文化、跨学科的国际创新创业型人才。然而，欧洲各个国家的经济政治文化发展水平不一，教育制度和人才培养方式也大相径庭。在人才培养方面比较有代表性的国家有德国和英国。

二 德国

（一）独具特色的德国教育制度

德国是公认的欧洲经济实力和影响力最强的国家之一，其人才培养和教育制度在欧美教育史中具有重要影响。近代西方的公立教育、义务教育、实科教育、师范教育和双轨学制等，大多起源于德国。受20世纪德国教育家雅斯贝尔斯的思想影响，德国大学注重在发展"全人"的前提下培养创新型人才。早在1989年，德国教育经费就已占GDP的7%，接下来第二年的教育经费还增加了20%。1990年之后，德国的教育经费每年增长约7%。10多年来，德国教育经费的增长竟然超出经济增长速度的3倍以上。经过长时间的发展，德国的教育已经实现普及化，从小学到大学全免费。与英美教育体系不同，德国的各个联邦州可以自行指定教育体制，并且很重视学校之间的平等性，重视学生的个性发展。一般义务教育年限为12年至13年，学生进入中学学习不需要进行统一考试，而是根据小学的成绩、教师的鉴定和家长的意见，依据学生的个性和未来规划选择不同类型的中学，包括职业预科（Hauptschule）、实科中学（Realschule）、文理高中（Gymnasium）和综合学校（Gesamtschule）。除了限制的学科以外，德国学生也不需要入学考试，而是采用入学申请的方式继续接受高等教育。虽然德国大学在国际大学排行榜上没有美国和英国高校出众，但是德国独特的教育科研体系培养了许多创新实践型人才，尤其在工科领域取得了丰硕成果，这也离不开具有德国特色的双元制。双元制是德国职业教育的精髓，主要实现了由学校、企业和行业协会共同制订人才培养方案，根据市场需要量身定做培训项目。学生通常每周在学校上两天理论课，大部分时间有机会在企业或实训基地进行职业培训，大大提高了学生的动手能力和探索精神，真正实现了学以致用。

（二）产、学、研合作创新一体化

除了通过平均分配教育资源来提高全民素质，德国还通过一体化研究中心培养精英人才。在产、学、研协同发展方面，德国尤其重视中小企业的功能。在德国，65%的中小企业都参与研发活动，40%的中小企业有专门的研发部门，致力于制造精良的产品。在世界近 3000 家中型全球领导企业中，德国中小企业就占了近一半。他们被称为"隐形冠军"闻名于世。

开展产、学、研合作创新，德国建立了很多一体化研究中心，进行长期的可持续性的科学研究项目。德国的技术转移中心遍布全国，促进了创新知识和先进技术在全国范围内流通、转移及共享。此外，德国还在全国建立了 159 个科技园，数量居世界第二。其中德国慕尼黑科技园是德国最为突出的高科技创业发展园区。为促进传统产业转型升级，该科技园还提供专门服务和进行人员技术培训，大大降低了产业结构调整过程中出现的风险。经过产、学、研合作，德国目前拥有大量的技术创新力，众多国际化的跨学科教育和科研机构吸引了来自世界各地的创新人才，为德国的经济社会发展注入了活力。

（三）德国的创业环境与特征

与其他欧洲国家相比，德国的自主创业者的比例远远低于欧盟国家的平均水平。并且在这些创业者中，11% 都是外来移民①。为了促进全民就业和大众创业，德国政府非常注重法制建设与政策的指引相衔接。自 20 世纪 80 年代以来，为了促进新的创业活动，德国政府颁布了一系列新政策和支持项目，鼓励失业者进行自主创业。例如，1986 年，德国政府开始推行"桥梁补贴"（Überbrückungsgeld）项目。这个项目主要面向那些已经失业或者即将面临失业的人，如果他们准备自主创业，政府将给予他们一定补助②。2000 年，德国联邦劳动部花费了大约 7.5 亿欧元为这些自主创业的失业人群提供一次性补助，帮助他们渡过创业最初六个月的艰难时期。2003 年，德国政府推出了另一个新项目叫作"创业补助"（Existenzgründungszuschuss）。这个项目也旨在支持失业者自主创业。2005 年，该项目基金的支出达到了 3.2 万亿欧元。2011 年，支持创业的预算大约有 18 亿欧元，受全球经济危机影响，到 2013 年，支持创业的预算缩减到了 4.7 亿欧元，但长期以来的创业扶持政策取得

---

① 根据 Eurostat 2015 年的数据，2014 年欧盟 28 个国家自主创业者占整体劳动力的平均比例为 13.2%，而在德国这一比例仅为 10.2%。

② 叶淦奎：《德国青年就业创业工作考察及启示》，《中国青年研究》2010 年第 4 期。

了较高成功率。例如，施特罗布尔（Strobl，2010）调研了2004年开始创业的358名失业者，到了2007年，他们创业的项目仍有85%还延续着。这些措施也激发了人们的创业热情。根据德国一项创业活动调查，57%受资助的创业者表示，就算没有政府补贴他们也会自主创业。而在推进这些政府措施之前，只有47%的失业者有创业意愿。艾夫斯（Evers，2015）研究表明甚至还有22%的失业者表示他们愿意保持失业状态以获得失业补助。由此可见，政府的一系列鼓励创业的措施培育了大量创新创业型人才，大大增强了人们的创业意愿，提高了创业的成功率。

三　英国

（一）英国的创新创业教育

2016年，英国的《高等教育时代》（Times Higher Education）公布的世界大学前100排名中，美国大学占据了48所，其次是英国有10所，德国6所，日本和澳大利亚各5所，荷兰4所。作为一个有着悠久教育传统的国家，英国的教育体系经过几百年的沿革，发展得相当完善与灵活。早在20世纪60年代，普洛登报告（Plowden Report）就提出培养学生的创造力是英国学校教学活动的主要目标。很多英国大学也提出了培养绅士型领袖和学者的创新人才的目标："会思考、推理、比较、辨别和分析，高雅，判断力强，视野开阔。"因此，英国的高等教育非常注重宽广的知识基础。除了具备知识基础，还要培养学生的个人责任感、创新能力和灵活性，这样才能适应不断变化的技术变革要求。

20世纪80年代，英国高校掀起一场从研究型大学到创业型大学的革新运动，各种创业教育课程和创业实践如火如荼地在各个英国大学展开。1987年，英国政府开始实施"高等教育创业计划"（Enterprise in Higher Education Initiative，EHE），要求把与工作相关的技能培训纳入大学课堂里来，注重学生的实践能力和创新能力。英国各个层面的高校都积极开展创新创业教育，剑桥大学、爱丁堡大学、帝国理工学院、普利茅斯大学等，纷纷开设专门的创新创业课程，鼓励学生进行创新创业实践。在课程设置上，各大学面向全校各层次学生提供了大量学分和非学分的创新创业课程。2009 年，英国政府发布《全国大学生创业教育黄皮书》（NCGE Yellow Paper），跟进大学生的创业实践和成果，进一步推动了英国高校创业教育的发展。

（二）支持创新创业的政策

2011 年，英国商业创新与技能部（Department for Business Innovation & Skills，BIS）发布了《促进增长的创新与研究战略》（*Innovation and Research Strategy for Growth*），旨在鼓励企业提高在创新方面的投资。其中最大的举措就是减免中小企业的研发税，减免幅度超过了 200%。英国设计委员会（DC）也计划投入 2500 万英镑支持企业进行研究，帮助英国中小企业设计、改善产品和服务，树立良好品牌。此外，还有进一步简化企业创办的各种审批手续，支持创业中介机构帮助企业进行研发、融资等。这些举措大大提高了英国中小企业研发创新的积极性和竞争力。

英国清楚地认识到，创新创业者是国家发展战略实现的核心。英国政府一直致力于为创新创业者提供更多资源，尤其是更多元化的资金来源，例如基金、债务和股权，同时利用税收调节来提供相关支持。政府通过税收调节，刺激了英国的风险投资、天使投资和种子基金的迅速发展，为青年创新创业提供了更多机会。为了给创新创业型人才提供更多便利条件，英国重启 SMART 计划支持中小企业创新创业，提出要投入 7500 万英镑支持中小企业开发创新的技术产品和服务。

（三）产、学、研协同创新模式

英国的产、学、研协同创新模式有科技园、合作研究中心以及教学公司等模式，具有集群效应。1972 年，英国以赫利奥瓦特大学为依托，建立了首个大学科技园。1975 年，英国又以剑桥大学为依托，创建了世界闻名的剑桥科学园。此后，又相继建立了艾斯顿科学园和沃里克大学科学园等多个科学园。为了推动大学成为高技术产业化的创新源泉，英国政府推出了一系列促进创新和知识转化的项目，包括大学挑战竞争计划、法拉第伙伴、教学公司计划、科学企业挑战等。

2006 年, 英国推出了风险技术大学伙伴基金, 融资 1 亿英镑用于大学内技术研究成果的商业化。另外, 还设立了一个新的高教创新基金, 三年投资 l.4 亿英镑来挖掘大学的创新潜力。此外, 合作研究中心模式也集中了高校和企业的资源, 进行跨专业联合研究, 以促进科技成果转化。教学公司通过大学与企业之间的直接合作, 定向培养高素质的技术人才, 提高产业水平和创新力。这是英国特有的一种合作模式, 为高新技术中小企业的形成与壮大提供重要的人才保障。

这些措施都促进了高校与企业界的紧密联系, 通过建立新的科学园与孵化器, 英国创新公司越来越多, 为实现知识技术的快速转化和经济发展作出了巨大贡献。

四 小结

近年来, 欧洲国家根据自身的特点和优势实施了强有力的创新创业型人才发展战略, 并将人才战略融入科技创新、商业模式创新、发展理念创新中, 从国家战略层面推动了区域政治、经济、文化的可持续发展。

第三节 日本

由于日本国土面积小, 自然资源匮乏, 日本非常重视人才的培养。第二次世界大战后, 在美国占领当局主持下, 日本在政治、经济和教育等方面实行了改革。1947 年 3 月, 日本政府发布《教育基本法》, 为根除法西斯军国主义, 彻底改革中央集权的教育体制, 实行地方分权制, 并把国民义务教育由六年延长到九年。日本政府通过教育开发人才资源, 大力发展制造业, 集中优势进行纺织品、汽车、家电等产品的生产与出口, 经济水平和人民的生活质量得到大大提高。1964 年, 以奥运会为契机, 日本又进一步完善基础设施建设, 并且发行建设债券。经过持续的经济增长, 到 1970 年, 日本一跃成为仅次于美国的世界第二大经济体。随着 1973 年爆发的世界石油危机, 全球经济出现了大萧条, 日本经济也随着投机之风的盛行衍生出极大的泡沫经济，实体经济受到了冲击。直到 20 世纪 90 年代，随着房地产崩溃和股市跳水，日本经济再度陷入低迷。

此时，日本各界均认为，导致 20 世纪 90 年代经济低迷的原因有很多，其中之一就是缺乏创新创业型人才，传统的人才培养机制单一、僵化，必须进行教育体制改革，必须构建创新协同的人才培养机制。这在高等教育领域表现最为突出，具体措施包括注重学生社会实践、增强高校教师流动率、改变教师的考核标准和学生的评价体系等，让大学校门打开，与企业广泛合作，促进产、学、研一体化。这时，日本在展开经济结构转型的同时，明确提出要"通过科学技术创新重振日本"的国策，在此后的几十年，日本始终坚持科技立国的发展战略，并取得了丰硕的成果。日本完善了创新创业型人才培养制度，建立了具有日本特色的产学合作模式，例如联合研究制度、合作研究制度、合同研究制度等，实现了多种形式的横向联合。日本政府、高校、企业以及社会各界也积极合作，建立了协同创新的人才培养机制，实现了高效的纵向联合。具体而言，体现在以下几个方面。

一　大力加强高等教育体制建设

（一）高等教育体制改革

第二次世界大战结束后，日本顺应时代发展需要，经历了数次大的教育体制改革。20 世纪六七十年代，日本实施了"第三次教育改革"以适应大学扩招的要求。改革的重点是把普通教育和专业教育结合起来，实现高等教育的多样化，综合改革课程设置。改革在 80 年代得到了进一步推进，1987 年建立了日本大学审议会，并且将高等教育必须个性化、科研水平高度专业化、组织管理更加活性化作为目标。到了 90 年代，教育体制改革力度进一步加强，以适应国际经济形势的变化和市场的多样化需求，一系列教改措施呼之欲出。例如，1995 年 4 月，日本经济同友会发布了学校合并的改革报告，倡议大学之间进行合并，优势互补。1998 年，日本大学审议会提出 4 个基本观念来促进大学改革，认为大学要不断提高培育创新人才研究课题的探索能力，落实决策与实施责任，增进教学研究质量，优化教育研究系统的柔性化，并建立多元化、灵活的评估体系。这些改革措施都强调打破传统、僵化、封闭的教育体制，重视培养学生的探索和创新能力。到了 21 世纪，日本的高等教育改革在政府的大力支持下取得了丰硕的成果。一些日本大学也跻身于世界一流大学之列。2016 年英国的《高等教育时代》杂志（Times Higher Education）公布的世界大学排名中，日本有东京大学、早稻田大学等 5 所大学榜上有名，是亚洲的高校进入排名最多的国家。

日本的高等教育在不断地进行改革之后，从精英教育中走出，面向大众教育，从传统教育中走出，为日本科技、经济、社会等诸多领域的发展起了巨大的推动作用。

（二）创新理念与品牌建设

随着日本高等教育体制改革的推进，日本的大学越来越重视对学生创新能力的培养。很多大学重塑教育理念，力争在国际竞争中赢得一席之地，越来越强调"独立、探索、创新、实践"等核心理念。同时，日本高等教育大众化使很多大学开始面临激烈的生源竞争，为了增强自身的竞争力，它们不得不大力开展品牌形象建设。一方面，这些大学积极建设独具特色的校园文化，另一方面，他们开始注重与社会的互动，大力宣传大学的个性品牌。例如，东京大学的定位和校训为"以质取胜、以质取量、培养国家领导人和各阶层中坚力量"，经过长期发展和积累，截至 2014 年，东京大学培养了包括 9 名诺贝尔奖得主、6 名沃尔夫奖得主、1 名菲尔兹奖得主、16 位日本首相、21 位国会议长在内的一大批学术名家、工商巨子和政界精英，在日本国内的影响力和知名度都无可比拟。作为日本排名第一的名校，东京大学在 2016 年 CWUR 世界大学排名中名列第 13 位，跻身于世界顶尖综合型大学之列。早稻田大学重视对学生批判进取精神和创新能力的有效培养。早稻田大学的毕业生中人才辈出，政界有 7 位日本首相、近 1/3 的国会议员都毕业于此。商界也出了很多创新创业型人才，对日本经济发展作出了巨大贡献，例如索尼、卡西欧、三星、东芝、乐天、任天堂、松下、三洋等众多著名公司的创始人都出身于早稻田大学。至今为止，已有 30 位校友获得日本文学最高奖芥川奖，居日本之首。

此外，其他日本大学也致力于从办学理念到教学实践培养创新创业型人才，例如，名古屋大学树立了"探究性和创造性"的办学目标，庆应义塾大学提出了要培养学生"独立自尊和实践精神"的核心价值观，立命馆大学则大力提倡"把理想建立于自由和革新之上"。这些创新理念在大学里根深蒂固，塑造了日本大学国际品牌形象，也吸引了世界各地的创新人才。

（三）综合型人才培养多样化

随着综合学科和新兴学科的不断出现，日本政府赋予大学更多的自主性，日本的大学可以根据本校独特的创新理念和自身条件来自主编排课程。一方面，日本 90% 以上的大学都开设第二专业学位、双学位、辅修等课程，培养学生跨学科的综合分析能力。另一方面，大学与社会不断加强合作，设立相关特色课程，例如，东海大学的"国际志愿服务"课程、富山大学的"生活与社会福利"课程等，鼓励学生积极参加社会实践活动，培养更具综合能力与创造力的人才。此外，日本大学之间也进行优势互补，普遍开展校际合作。例如，允许学生在不同大学进行专业选择，通过联合授课使学生能同时获得不同学校的学位，大学之间也兴起开设交叉学科课程和共同开设专题系列讲座等活动，大大丰富了学生的知识和视野。

同时，日本高校大力开展各种创造性教育活动，不仅丰富了校园生活，还培养了学生的创新能力。1996 年，《日本劳动白皮书》发布，许多高校开始大张旗鼓地开展各种创造性教育活动。例如，有的学校制定了新的培养目标，大力举办人工智能、科技创造大赛，引导学生探讨科技进步与学术前沿问题；有的学校与企业合作，开展各种主题的创业大赛、股市模拟大赛等商业竞赛。还有很多学校成立专门的创新创业学院，引导大学生从事创新创业活动，通过专业知识的学习和运用，激发学生的内在动力。

为了培养更多高端人才，20 世纪 90 年代开始，日本着力开展研究生教育改革，在目标设立、机构设置、课程安排、评估体系等方面取得了重大突破。首先，1998 年日本大学审议会发布的《关于 21 世纪的大学与今后的改革方针政策》的报告就明确指明了研究生教育的重要性，强调日本要"集中重点分配研究经费，打造一批国际高水平教育与研究基地的研究生院，培养适应国际社会发展的各领域创新优秀人才"。在学部之外，日本高校引入市场竞争机制，为了实现教学科研与生产实践一元化体系，设立了许多独立研究科，以实施综合化和学科前沿的研究生教育为主。在教学设置上，引进了德国的讲座制，成立了美国式的研究生院，博士阶段只设置后三年的课程，更突出培养研究生新学科领域的开拓性，以适应科学技术的快速发展和市场的剧烈变革。

（四）国际化创新人才培养

教育国际化是日本向来十分重视的一个领域。日本政府采取了一系列措施来提高日本教育机构的国际化水平，例如，通过合作办学推行与国外高校的学分、学历和学位互认，从世界各地招聘优秀人才担任大学教授和研究人员，促进国际合作研究，组织国际培训项目，大力招留学生等。在师资力量上，日本很多大学不仅重视科研人员的培养，还从著名跨国公司、国际组织等机构聘任优秀人才担任教师，成功地构建了一个全球人才交流的网络。

在国家政策层面，日本政府在 2003 年实施了"十万名留学生计划"，自 2005 年，日本每年在籍外国留学生都保持在 12 万人以上，成为接收外国留学生的教育大国。日本着重打造国际化大学，并于 2013 年 6 月制定了"日本再兴战略"，其中围绕教育问题特别提出，在未来 10 年里，日本会将 10 所大学推进世界前 100 名。紧接着在第二年，日本部分部科学省就制订了"超级国际化大学（Super Global University）"计划，致力于培养国际化高素质创新人才、全方位推动全球性跨学科研究。那些入选的大学，会在此后的 10 年时间里，每年获得 1 亿到 4 亿日元来自政府的补助金。这些举措为提升日本高等教育和科研的国际竞争力，培养具有国际视野、适应全球发展战略的创新创业型人才提供了重要保障。

二　政府主导的制度化"产、学、官合作"模式

在日本人才培养体系建设中，政府、企业、教育机构努力建立教

学科研与生产实践一元化的合作体系。与欧美国家相比，日本政府在其中发挥了更具有决定性的作用。1997年，日本政府专门成立了"产学官"合作促进委员会，由文部省、劳务省和通商产业省组成。在合作促进委员会的统筹部署下，建立了一整套促进产、学、官合作的制度，对合作的方式、内容、经费、设施等都作了详细的规定，力争从各个方面为产、学、官合作创造有利条件。其中，"官"指政府，包含政府各个部门；"学"指学术界，包括大学与科研机构等；"产"指产业界，主要包含各行各业的企业。日本的"产、学、官合作"模式，即日本政府、研究人员与企业进行通力合作，实现产、学、官一体化的机制，对日本战后经济腾飞作出了巨大贡献。很多政府官员、企业和社会成功人士在自己领域取得较大成就后，也回到学校任教，言传身教，培养更多的创新创业型人才，为大学打开了面向社会的窗口。日本的"产、学、官合作"模式获得了很多成功经验，并对日本很多领域产生了深远影响。例如，政府、学者和企业通过合作，大力发展半导体技术。为此，日本政府连续20年，每年投入科研经费高达2亿多美元。制度的稳定性同时带动了许多企业投身半导体行业，企业的投资甚至高出政府的15倍。战后日本大力发展制造业，其中，家电、汽车等许多产业的成长都离不开产、学、官合作体制。

世界著名的日本筑波科学城就是由政府主导发展而成的产、学、研一体化样本。日本政府不但直接介入了整个科学城的筹建，包括选址、人力筹措、组织结构等，还在筑波科学城内建立筑波大学，并以此为中心，培育大学与产业之间以及科学城内各研究机构之间的联系与合作，为各个领域输送了大量优秀后备人才，也为日本的科技发展和国际影响力提升作出了巨大的贡献。

在产、学、官体制的主导下，日本同时实施工业实验室为主的科研模式，用成熟的工业实验室来替代大学，成为进行科学研究的主要阵地。在工业实验室，研究人员能获得充足的研究经费，获得更大的成长空间。企业特有的创新、勇于开拓、敢于冒险的精神也刺激了科研课题的探索，并培养了许多创新人才。日本这种特有的工业实验室科研模式极大地促进了科研成果转化，并为人才的培养提供了可持续发展的基地。

2001 年 3 月，在一系列科技发展计划顺利实施之后，日本内阁又制订了第二个《科学技术基本计划》。该计划也被称为"日本的诺贝尔奖计划"，它明确提出，力争在未来 50 年里，日本的诺贝尔奖获得者要达到 30 人。这个目标的提出引起了轩然大波，很多科学家认为，科学研究不同于制造产业，不能通过硬性指标进行调控。然而，科研成果的量化评估和严格的绩效考核使科研人员之间的竞争变得更加激烈，虽然这一计划受到学术界的一些质疑，但是却取得了不错的成果。在日本政府不遗余力的推动下，日本在接下来的 15 年中，一共产生了 17 位诺贝尔奖得主，远远超过过去 100 年的得奖人数。可见，"日本的诺贝尔奖计划"并不是毫无根据和空穴来风，而是建立在牢固的"产学官合作"制度、教育体系改革的实施、创新人才培养体制的完善，以及经济社会产业革新的时代发展机遇上。

独具特色的"产学官合作"模式、工业实验室科研模式以及"日本的诺贝尔奖计划"的有效实施，是日本战后创新创业型人才发展、经济腾飞的重要经验。政府在其中的主导作用不言而喻，日本的成功经验也越来越多地被其他国家所借鉴。例如，一些推崇自由市场的美国和欧洲国家，近年来也加大了政府对科技发展和创新创业型人才培养的调控力度，大大提高了国家创新系统的绩效，促进了经济社会的发展。

三　日本的创业教育与创业政策

日本在"二战"后的几十年，科学技术水平和社会经济发展取得了举世瞩目的成绩，但是在创业方面与欧美还有着较大的差距。根据全球创业观察（GEM）的数据，现在日本的创业率只有 4%，不及美、英、德、法等欧美发达国家的一半。日本中小企业厅发布的《2014 年中小企业白皮书》也指出，日本的新创企业比率常年在4%—5%区间内徘徊，日本人大部分对创业的热情不高。世界银行《Doing Business 2014》的数据显示，日本的创业环境世界排名仅为

120 位，在亚洲国家中的排名也不突出。究其原因，三菱 UFJ 研究咨询公司以及其他组织的调查结果都显示，尽管日本政府积极创建人才创新协同培养体系，但日本的创业环境并不太完善，存在诸多问题。例如，创业意识比较淡薄、创业手续烦琐、成本过高、保障缺失等。

首先，在创业教育上，日本传统的教育体系偏重传授知识，创业所需的一些个人特质，例如风险承担、个人主义等受到主流教育忽视。尽管日本进行了高等教育改革，众多大学也积极推进创新创业型人才的培养，但从总体情况看，日本社会尚缺乏浓厚的创业氛围。全球创业观察（GEM）报告指出，在美、英、法、德等欧美发达国家，超过 75% 的人对创业成功者持"尊敬"态度，而日本这一比例仅为54%。日本的第一所商学院成立于 1978 年，晚于美国 70 年。创业教育于 1992 年才引入日本本科教育课程实践，也仅仅局限于 30 多所高校，而美国有超过 500 所高校本科阶段都开设了创业教育课程。

日本是一个科技发达、富于科技创新的国家，从文化上看，日本人非常敬业，对工作精益求精，重视实践。日本企业非常重视员工的忠诚度与敬业精神，鼓励员工创新和为公司奉献自己的一生，集体主义意识强于个人意识。但过分强调规范化和循规蹈矩的"终身雇用制"也抑制了创业型人才的发展。因此，大部分日本大学毕业生和公司员工普遍希望能够在大企业从事稳定的工作，而不轻易选择自己创业。

除了文化因素，创业保障不佳也是阻碍日本人创业的重要因素。由于日本的天使投资和风险投资市场不发达，导致创业者难以获得足够多的初创资金而不得不使用自有资金，或者向家人、亲戚和朋友寻求帮助。一旦创业失败，就会陷入生活困境和道德谴责。同时，创办公司所需的高额注册资本和繁杂的手续也让创业者望而却步。一般来说，在日本注册成立股份公司，最少需要资本金 50 万元，个体企业也需要至少 16 万元，创业的资金门槛比较高。

为了鼓励更多的人创业，日本政府近年来也进行了多方面的努力。首先通过政策调整来解决民众创业的资金难题。例如，相关法规规定，创业者只要证明已有 1/3 以上的创办资金，并且通过经营项目的评估，就可以获得所需资金年利率 1.5% 以下、长达 7 年到 10 年的低息贷款。同时，日本政府还修改了《商法》，鼓励更多人创业，甚至允许 1 日元设立注册资本金，但要求在 5 年之内要达到法定的资本金要求。对于失业者，给予他们创业的种种优惠，提供一定数额的资助，也能办理无担保、无抵押融资，大大降低了创业的门槛。只要提供具有可行性的创业计划书，创业者便可以向各市町村商工会议提交申请。审核通过后，还有机会获得无担保、无抵押的创业资金贷款。如果是从事养老、婴幼儿保育、人才服务等社会急需的特殊行业，创业者还可以有机会获得无偿资助。如果新创公司成立 1 年之内雇用 3 名及以上失业人员，还将获得无偿资助，最高可达 500 万日元（约 26 万元）。针对大学毕业生创业，日本政府也给予税收政策优惠。对于新创的高新技术企业，日本有的省份也给予一定的税收优惠。此外，日本还在有关法规中规定，来自政府和公共部门的采购，创办 5 年至 10 年的初创企业的商品采购至少要占采购总额的 5%。这次措施激励和培养了大批创业人才，让日本的创业环境得到了较大改善。

四　小结

自然资源稀缺的日本之所以能在经济、科技、文化等诸多领域跻身世界前列，离不开他们独具特色的创新创业型人才协同培养体系。与欧美国家不同，日本更注重政府的主导作用，教育创新改革如火如荼，但在创业教育方面并不十分出彩。日本人传承的敬业精神和不拘一格的国际视野都深受日本传统的民族思维影响。他们能在国际舞台上取得不菲的成绩固然离不开敬业乐学的民族特性，值得我们学习的成功经验有很多，但由于文化的差异性，我们必须根据自己的国情来取长补短，不能全盘照搬。通过学习和对比美国、欧洲和日本的创新创业型人才协同培养体系的经验，我们应从历史发展的角度进行更深入的分析，在全球博弈的大舞台上，更多地认识到自身的优势与不足，发挥我国的比较优势，从而构建更完善的人才培养模式。

第五章 创新创业环境与创新创业的影响要素

第一节 创新创业环境及创新创业的模式

一 国内外创新创业环境分析

（一）国外创新创业环境分析

1. 美国创新创业环境分析

美国一系列的政策优惠为创业者提供了积极优渥的政策环境，促进了创新创业型企业的快速发展与成长。以美国硅谷为代表，通过硅谷软件园的辐射作用以及相关优惠政策，通过不断的培育，在美国西海岸成就了一批科技型创新企业，例如 Airbnb、Uber、Snapchat 等，有些科技型创新企业的首轮估值已到了 10 亿美元，以上的类似公司在硅谷等园区中获得了快速发展，逐渐形成了一套完善的融资方式，和谐的创新创业文化氛围与政策环境从根本上带动了美国创新创业的发展，区域内的科技型创新企业以及优惠政策措施逐渐形成了一套较为成熟完善的融资机制。

美国创新创业环境的发展与塑造很大程度上与美国高校相结合。美国将高校作为创新创业型人才的培育基地，人才的培育代表着新思想、新理念的创新，因此，高校人才培育得到了充分的重视。斯坦福大学、加州大学伯克利分校等美国知名私立、公立学府为硅谷人才储备助力。128 号公路高技术产业地带有哈佛大学、MIT 等支持；盐城湖园区有犹他州立大学、杨伯翰大学等支持；北卡罗来纳州三角园区有北卡罗来纳大学、北卡罗来纳州立大学、杜克大学三所名校支持。

美国完善的创业环境不仅仅体现着完善的创业政策环境，而且美国注重科技园区地理位置的选址，美国的科技园区多位于阳光地带，完善的生活设施和良好的气候吸引了大量的科技型人才，能够提供良好的生活环境是开展创新创业的基础，在此基础上，美国还注重对技术基础设施的完善，通过高效的技术体系大大缩短了高新技术产品的生产周期，并且为美国特别是科技园区内部营造出一种对新点子和新思想尊重的氛围，在这样的氛围中不分高低贵贱，任何一个有创新性思想的人都会得到充分的尊重；通过建立起扁平式的组织管理结构，使得办事机构的效率明显提高，完善的知识产权保护机制使得每一个人的创造得到充分的保障。正是这样一种全面且完善的创新环境让美国创新创业领先于世界。

独特的创新文化氛围。美国在美国人的创业思想中，认为"失败孕育着成功"，成功者自然会受到尊重，但是失败者不会受到任何歧视，这样整体的文化创造氛围使得美国人热爱创新，不惧失败。而且美国的文化崇尚竞争，也讲求合作，尤其在科技园区内部，竞争更加激烈，在激烈竞争文化中不断快速地提升自身技能和学习效率，在激烈的竞争环境中越来越多的人感受到个人战斗的局限性，团队合作才是发展的主流。

完善而独特的文化环境和全面的基础设施与机制保障使得美国的创新创业发展迅速。

2. 德国创新创业环境分析

2013 年欧盟发布了"创新经济体"排名，德国作为第一档次的"创新领导者"，在整个欧盟创新体系中起到至关重要的作用。在全球经济创新排名中也十分靠前，德国的创新创业之所以如此领先，源于德国对创新创业教育的重视、创新体制的建设。

首先，德国尤其重视对本国创新创业教育的建设。德国的创新创业教育建设发展较早，在多年的建设实践中，认识到创新和创业之间的密切联系，在充分把握创新和创业的基础上将大学的教育进行划分，分为研究型、教学型和创业型，使得大学的教育更加专业化，更利于创业型人才的培育，诞生了慕尼黑大学、亚琛工业大学等一大批

"创新创业型"大学，引导并带动整个国家的创新创业进程的发展。反观我国的教育更加注重综合素质的培养，因此，就注定了在深入研究国外各种创业型大学的理论建设基础上，开展新型的创业教育，培养"领导型"人才。随着大学作用的不断升级，已然成为国家和企业的智库，也成为国家创新创业的原动力。

其次，德国通过健全创新创业法律体系来营造良好的氛围。为了给科技创新平台创造优渥的发展环境，不同的州颁布了适合本州发展的政策，萨克森州法律明文规定州内高等学府以及研究机构的科研成果必须及时、有效转化，并且在法律的大框架下营造出良好的创新创业环境。

最后，德国也十分重视对创新平台的建设。以政府为主导，进行银行、高校、企业、院所联盟式发展，面向产业集群（如慕尼黑生物技术产业集群），通过创新平台的建立促进成果的迅速转化；德国对于创新创业的发展并不只是集中在国内，还注重国家联合。

（二）国内创新创业环境分析

清华大学启迪创新研究院每年都会对不同区域间的创新创业水平进行评定并最终发布创新创业排行榜，该榜单通过对多种指标的综合考量，并经过科学的计算分析，主要围绕政府产业政策、产业发展环境、人才培养环境、科技研发环境、资本市场、中介咨询服务、宏观市场以及创新知名度等指标进行评定。其中，北京市凭借在 8 个单项指标中斩获 6 项第一的成绩，排名第一，第二至第十分别为上海、深圳、广州、天津、杭州、苏州、武汉、南京和青岛。通过对北京、深圳、苏州、武汉、天津、青岛的发展经验，来对创新创业环境进行比较分析。

1. 北京市创新创业环境分析

北京作为我国首都，拥有得天独厚的政策扶持，中国的"硅谷"也坐落在北京海淀中关村，周围高校云集，为北京创新创业型人才的培育也起到了支持作用。

强化自主创新。争取在一些科技成果项目中拥有完全自主知识产权和完全科技创新能力水平。这有助于切实推动创新驱动发展的政策方针。这些项目也将成为推动整个国民经济的核心力量、引擎力量。

推进全面创新战略。以提高科技创新水平为工作重心，以打破阻碍创新创业发展的瓶颈机制为工作要点，在人力资源市场、资本市场、宏观经济市场、知识产权领域、国际交流合作等重要发展领域取得新进展。

促进协同创新策略。将北京、天津、河北作为一个经济共同体，有效集聚区域资源，建立一个运行有效的体系、机制，建立创新集合体。引导北京地区的经济、金融等资源向雄安等地方转移，促进该共同体的协同发展。

重视建设创新创业服务平台。服务平台主要涵盖人力资本、金融资本、公共事业、知识产权等服务，并且该服务平台要注重和其他平台的交流与沟通。针对创新创业者前期经济状况不稳定、社保不健全等现象，要出台相关政策来保障他们基本的生活状况，诸如医疗设施、住房补贴、税收减免等优惠政策，进而增强创新创业者进行创新创业活动的信心。改善资本市场环境，大力创新并优化股转系统，积极推动高科技企业挂牌上市，扩大融资范围，减少资金短缺问题；支持企业开展股权质押融资等融资方案，打开企业融资的大门。促进社会资本、风险资本等进入创新创业型企业，改善现有激励和约束监管机制。

2. 深圳市创新创业环境分析

深圳市是改革开放的先驱者，借改革开放的态势取得了质的飞跃与进步。但深圳市在最初的时候普遍采用"贴牌"生产的生产模式，这虽然在短期内可给深圳带来经济的进步，但长久来看并不能够给深圳带来经济的腾飞，这也不符合整个国家创新创业发展的大趋势与大潮流。因此深圳市开始对创新创业环境进行了变革，经过不断的发展与进步，深圳近几年在创新创业城市排行中名列前茅，与北京、上海不相上下。

首先，政府在深圳城市创新创业环境建设中发挥了核心作用。通过对比欧美等发达国家创新创业环境建设的经验与失误，深圳市政府逐渐提高了对创新创业环境建设的投入，不仅是直接性投入，比如政府补助、税收减免等，而且相应的间接投入也逐渐增多，例如引导外资注入，通过对创新创业型企业的融资优惠政策、利息减免等，解决了创新创业型企业融资难、贷款难、资金池不充裕的现象。2013 年，全社会研究和发展经费支出首次超过 500 亿元，占 GDP 比重提高到4%，保障了企业发展资金链的稳定，解决了多数企业家的后顾之忧。

其次，深圳市政府也注重政策、人文、生活和社会等方面环境的支持。政策上，在 2014 年度深圳市科技创新计划——创业资助项目申请通知及指南中详细列明了审批内容，重点支持互联网科技、新能源新材料等新兴产业，通过政策导向带动创新创业发展。同时深圳十分注重创新创业大赛的举办，每年举办不同类型的创业大赛，例如，2014 年 11 月 8 日在深圳举办中国创新创业大赛互联网及移动互联网行业总决赛。通过创业大赛来培育未来之星，因而深圳形成了"创赛＋科技＋创投＋政府资助"的深圳发展模式，充分发挥法律的约束性和引导性，严格执行每一项政策规定，注重通过各种手段解决不同主体之间的关系，如产学研、企业间等关系。此外，要加强公共创新平台建设。深圳市努力推动综合性、公共性公共创新平台，推动重大科研基础设施向公众开放。深圳市对于创新平台的建设，没有大面积运行，而是讲求从小出发，从小处试点，逐渐扩大，最终实现全面发展，这里的点就是多种多样的园区建设和创新平台的建设，通过园区建设起到良好的领导作用和模范作用，最终实现深圳经济的快速增长。

最后，深圳市高度重视科技创新型人才的引荐与培养。首先，20世纪八九十年代，因深圳前店后厂的发展模式，人才并没有得到充分的重视，但是随着经济发展的转型和创新型城市建设的需要，开始发现新时代的竞争是人才的竞争，有了人才才有了创新，才有了创新型城市建设和发展的未来，因此，深圳市开始引进高精尖人才，给予优厚的福利待遇和社会保障，给外来的创新型人才提供廉价住房，为其充分发挥才能做好全面的保障；其次，深圳市也加强本市创新型人才的培养，加大对高校创新型人才的扶持力度，为创新型人才提供全方位的创新和就业引导，培育了人才，发展了城市。因此，深圳市创新创业环境具有良好的借鉴意义。

3. 苏州市创新创业环境分析

首先，苏州出台了一系列政策。为推进苏州整体创新创业的发展，建设一个运行机制良好的创新创业环境，出台了促进创新创业带动就业的实施意见。例如，根据创业类型或者是求职情况，对某些符合政策的纳税人提供相应优惠政策。

其次，苏州市更加注重创新创业型企业的集群化、产业化、国际化发展，苏州结合自身的发展现状与资源环境特点，大规模推行孵化器的投建，例如成立了苏州新药创制中心、研发大楼和开放型实验室等，新药创制中心与苏州大学医学院紧密合作，利用苏州大学医学院的专业优势，取得了优秀的研发成果，研发成果被国内外广泛接受。苏州通过与中国台湾华硕、日本佳能、艾默生环境、思科等国际企业共建国际研发中心，至 2016 年，苏州国际科技园已经吸引艾默生、惠普、甲骨文等多家世界 500 强企业入驻，苏州也每年向国外优秀大学派遣留学人员，进驻国外企业学习先进的生产、管理经验，扩展与国际企业共建、合作的发展机会，把握世界的大趋势，开展外向型经济。在产业化反面，苏州市政府吸引外资，建立产业园区，加快促进产业化的升级，通过融资平台、风险投资、天使投资等诸多融资平台以及融资优惠政策，促进苏州市大力扶植的高新技术产业以及创新型企业产业化进程，帮助创新创业型企业克服发展中的阻碍，打破制约创新能力的瓶颈。

优化创新创业服务文化环境。苏州的服务理念可以简单用"低位""换位""品位"来概括。低位，即为放低姿态，用低姿态来做服务，获取最大的合作意向与合作潜质；换位，即为换位思考，从对方的角度来思考、来为对方提供服务，品位强调服务的质量，服务的品牌创新。苏州现在有吴中科技创业园、中国苏州创业园，对外来人才持包容、接纳态度，以优厚的待遇吸引国内外高端人才，在人才引进过程中，注重引进行业领军人物，能够给创业园中的创新创业型企业带来实质性帮助的高端人才，用专业技术水平提高创新创业型企业的业绩水平。苏州创业园区的文化体系建设，使得苏州整体的创新创业环境得到了巨大的改变，整体环境得到了质的改善。

苏州市也积极推动创业投资，注重吸引外界投资，尤其是风险资本的注入。苏州市充分发挥了新兴产业创业投资基金的作用，通过多种多样的资本注入的模式，给苏州市创新创业型企业带来了充足的资金支持，例如投资保障金、风险投资、政府补助等方式。苏州市也积极推进地方主动设置创新创业型基金，推进吸引外商投资，吸引境外投资者（黑石资本等）、社保基金（全国社保基金理事会等）、保险公司（安邦财险等）等投资机构参与苏州市创新创业型企业投资业务中。使得企业资本更加多样化，努力形成政府引导、社会资本为主体的投资格局。

正是由于政府的政策引导与创新创业文化体系的建设，使得整个苏州市的创新创业环境生机勃勃，焕发出新的气息，使得苏州对外开放型格局更为突出，更易获取异质性资源，推进创新创业的集聚发展。

4. 武汉市创新创业环境分析

近年来，武汉市政府也高度重视武汉创新创业的发展程度，武汉市政府也致力于将武汉市打造成全国创新创业城市中的领头羊。众所周知的是，武汉市东湖技术开发区的光电子产业，被誉为"中国光谷"，因此东湖技术开发区也成为我国第二个自主创新示范区。武汉市政府致力于打造光谷产业圈，以光谷为中心节点，发展光谷的副产业，以光谷带动整个武汉市的创新创业发展，打造"光谷式"的创新创业新格局。面对经济发展的瓶颈与社会技术转型障碍的双重阻力，武汉光谷创新产业园切实落实党中央"双创"政策，切实推进创新驱动发展的国家战略，着力构建创新创业体制机制的建设，打破固有的模式障碍与机制瓶颈，全方位、多角度实施对外开放政策，立足于高新技术产业，真正营造出一片创新创业的净土，真正实现创新、开放双轮驱动，建设享誉全球的"中国光谷""世界光谷"，为武汉市经济发展添光加彩。

"光谷"的建立有雄厚的人才基础，光谷产业园周围集聚着多所高等学府以及科研院所，据不完全统计，截至2016年，"光谷"约有

100 名院士，专业技术人才数不胜数，大部分专业技术人才毕业于国内外高等学府，近 70% 具有研究生及以上学历。武汉"光谷"还通过分成的方式吸引外来技术人才和重大投资项目。2013 年武汉颁布的政策允许并支持武汉高等学府在校师生休岗休学，下海创业，科技成果转化的具体收益七三分，研发者可最大限度地获得既得利益，而且有助于激励研发者投身科技创新工作，现在北京也沿袭武汉市做法。自该政策实施以来，光谷每年的科研成果转化率极高且收益十分丰厚。

加大科技创新投入强度。科技创新自身的性质决定了其外部性与或然性，并且所有重大的科技创新或技术变革都需要巨大的投入成本，如果仅仅依靠社会团体和企业自身力量，对于一般性企业而言，难以负担科技创新的实际成本，科技创新的成果也难以被消化、吸收。因此，政府要加大对科技事业和科技创新 R&D 财政投入强度，一方面，为企业和科研机构等创新主体的科技创新成本；另一方面，可以缓解科技创新收益难以完全内在化以致创新动力不足与社会需要之间的矛盾，促进国家科技创新能力的提升。增大政府财政投入要纳入政府的考核体系，财政投入要促进科技创新成果的资本化和产业化。此外，国际上普遍认为，一般性企业的 R&D 经费应达到年销售额的 3%，高新技术企业的 R&D 支出要达到 5%，企业要逐渐成为科技创新的主体，要从内部进行自我创新，设定科技创新基金来推动内部革新，集中用于重大产业科技问题研发。最后，注重推动社会资本在科技创新中的重要作用。加快和完善风险资本投入、运营和退出机制。有文献证明，风险投资额度越大，越有利于科技创新。风险作为一种特殊的要素投入，它可以带动其他的资源进入科技创新活动中，风险投资参与到战略性新兴产业中，不仅为科技创新注入资金，而且能有助于被投资单位培育更多的创新团体，从而促进企业科技创新。

制度和保障支持。并不是科研成果产生，研发者就可以高枕无忧。科研成果必须经过转化，才能获取最大的收益，因此"光谷"也出台了一系列政策来促进科技成果转化为具体的经济效益。科研成果在不断地经过科研工作委员会筛选、评议，最终决定出部分科研成果能够与具体的经济状况相匹配，最终入园，进行下一步的利用，产业园也免费提供相应的设施设备，例如生产车间、管理用房等，来使科研成果产业化，而不是徒有其表，不能发挥最大的功用。通过免费的基础设施和政策优惠支持吸引大量的潜力项目入驻，不仅给企业创造了发展的机会，也为研究院的发展创造了活力。

5. 天津市创新创业环境分析

近年来，天津市政府在对科技体制的变革和科技体制的创新过程中，更加注重科技资源与宏观产业的匹配融合，增加创新创业型企业的融资渠道，摆脱融资难、贷款难的局面，保护知识产权，逐渐完善相关政策，普及科学知识与创新创业知识，使创新创业真正融入人民生活中，激发全社会的科技创造力、创新意识力、创业参与力。

第一，完善科技金融体系。变革科技金融体系，解决中小企业融资难问题。建立"银行—企业—科技"三位一体的合作体系，出台相关优惠政策来推动中小企业融资问题，利用短期票据等银行、债券市场进行融资。鼓励中小企业股权投融资，例如交叉持股等，据不完全统计，截至 2015 年 12 月 31 日，约有 80 家在 2015 年完成了股份制改造，在主板、中小板以及中国香港证券交易所、美国上市的科技创新型企业达 120 家。天津市政府也鼓励当地金融机构、企业发行科技型债券，鼓励中长期科技建设，天津市 2016 年规模以上工业企业 R&D 经费投入已达 352 亿元，R&D 项目数为 11393 项。完善金融科技体系，建立起多元化、全方位、多角度的科技投融资体系，解决创新创业型企业的后顾之忧。

第二，塑造更为完善的科技金融服务平台。如何建立一个适合科技创新型企业的金融服务平台成为天津市亟待解决的问题，天津市在充分学习上海、广东金融服务平台建设经验的基础上，结合天津市自身发展现状与发展特点，构建了具有天津特色的金融服务平台。天津市鼓励科技创新型企业设置担保子公司或者是再担保子公司，建立一种更为稳健的金融科技贷款体系，该体系降低了科技创新型企业的贷款风险，天津市拟筹措数亿元的科技创新型企业贷款风险保证金，该风险保证金意在增强银行、保险等金融服务机构对科技创新型企业的贷款信心，利用物理学上的"杠杆原理"，用来换取金融机构的信贷资金，专项解决科技创新型企业融资难、融资贵的问题。建立更为完善的科技型、创新型企业信用系统平台，用评级机构的专业知识来增强科技创新型企业的信用等级。资本市场体系的健全也不容小觑，增加科技创新型企业的挂牌数量，给科技创新型企业 IPO 让步，增强科技创新型企业负责人 IPO 的信心。健全科技金融融资租赁机制，推进科技保险行业的进步，鼓励科技型融资租赁企业的创建与发展，降低融资租赁的风险。此外，天津市还致力于引进外国融资机构。2000年 12 月，天津科技委员会建立了天津创业投资发展中心，旨在对全市的创业投资提供专业服务，提供相关政策建议，并在此基础上，于2010 年 12 月，成立了天津科技融资控股集团公司，通过综合运用多种金融衍生品，帮助中小企业，尤其是科技创新型企业成功走向资本市场，获取更多的资金支持。设立创新创业型风险基金，科技成果转化奖，把风险资金引导到科技创新领域。

第三，完善知识产权保护制度。产权界定明确，有利于降低交易成本。产权界定不明确则会造成科技创新的外部性增加，导致科技创新主体积极性受挫。因此从这个层面来看，科技创新能力的提高，产权的界定清晰与否，至关重要。在产权保护方面，政府应当占据主导地位，产权的保护更多是依赖于法律的强制性而不是道德自我约束，而政府是法律强制性的供给方，是唯一可以用暴力手段来维持社会经济秩序的主体集团。首先，政府部门应当加大产权保护力度，严厉打击仿造、假冒等侵犯产权的行为，保护科技创新主体的经济利益；其次，加强执法力度，扩大检查范围，及时公布检查与处理侵权行为结果，对执法结果公开透明，保证知识产权保护措施有力实施与开展。从法律上保证天津市科技创新型主体的经济利益，减少"搭便车"带来的外部效应，此外，企业自身而言，要有保护自身权益的意识，要提高对保护知识产权的认知程度和能力。制定预防专利侵权防范措施，可有效规避风险，从内外两方面来对知识产权进行有效保护，营造良好的科技创新与市场竞争环境，促进企业科技创新能力的提高。

天津市政府也制定了相关的政策法规保护科技创新型企业的知识产权，重点关注优势性企业、产业以及重大科技创新型企业的专利保护工作，真正掌握核心技术不被不法分子觊觎，促进产业结构转型升级，以政府方针政策为旗舰，提高科技创新型企业的知识产权保护意识。提高专利利用率、科技成果转换率，提升科技创新型企业运用专利的技术水平能力。促进科技创新型企业产权战略意识的提升，激励科研工作者主动进行科研成果的转化工作。

第四，建立完善交易平台，降低交易成本。在市场经济条件下，每个企业都应加强成本控制，因为成本的增加必然引起利润的减少，而企业要想在市场中立足并持续成长必须有强大的资金支持和资金回流。在科研机构与企业的技术合作问题上，要尽量降低信息搜集费用，建立完善的交易信息平台，保证信息通畅性，降低收集获取信息的交易成本。在技术交易中，不可避免地存在信息不对称的问题，主要出现在技术供方和技术需方之间，因此，科技中介组织要发挥好纽带的作用，能够使供需双方信息交流的壁垒尽可能消除，把交易的数量以及质量从根本上得以提高。搭建公共技术服务平台。激励企业的科技创新。对企业而言，要提高自身的决策水平，注重成本效益分析。从公司治理的角度来看，提高公司治理水平，降低交易成本，提高技术商品的交易效益、效率，采用更为科学的交易成本核算指标，将其与业务量以及收益额相比较分析，进而对企业技术商品交易活动后的成果进行相关评价。

第五，深化科技体制改革与机制创新。创建协调共建机制，协调各部门的通力合作，强调多级联动，科研经费的配置问题也十分关键。增加部门之间的会议交流，沟通各自的科技工作进展情况。天津市主动对科技创新相关地方性政策法规进行了修订，天津市鼓励科技创新资源共享化、开放化，天津市也对R&D经费投入作了具体的投入方针规定，鼓励高等院校和科研机构中科研工作者科技成果转化。加大各项创新创业型政策的落实力度。天津市以公共科技服务机构为中介组织，简化行政审批程序，弱化政府干预程度，提升相关基础设施配套服务，积极宣传"大众创业、万众创新"的双创方针政策。

6. 青岛市创新创业环境

党的十八大以来，青岛市以"市场主导、政府引导、分类扶持"为原则，颁布了《青岛市孵化器发展规划纲要（2012—2016年)》等创新创业政策。青岛市立足于优化资源配置，糅合创新资源，宣传创业意识，营造创新创业环境，为促进扶植一批拥有完全自主知识产权、创新能力强、创业意识高、发展空间大、带动就业好的科技型创新创业型企业，带动形成产业集群，为青岛市转方式、定方向、变结构、促发展奠定良好基础而采取了一系列政策措施。

青岛市积极促进南车与四方合作建设的高铁联盟、中科院海洋研究所引领的海洋腐蚀产业技术创新战略联盟，科技型创新创业型企业采用的协同创新模式可以有效带动企业的进步。科技型创新创业型企业在产业集群内部的创新过程中可能会出现许多障碍，如果中小型科技创新企业能够根据自身的发展状况选择合适的创新模式进行下一步的发展，不仅解决了自身自主创新能力薄弱的问题，而且有效地通过该模式促进了企业自身的生产经营能力与发展状况。

青岛市也采取了一系列方针政策来解决中小科技创新型企业融资难、贷款难、贷款费用高的问题。青岛市主张建立专项科研资金项目来扶持中小企业的发展，通过这种专项科研基金的建设，进而建立一系列技术服务中心，企业与技术中心强强合作，企业提供技术所需要的人力资本、物质资源，技术中心提供用来解决企业生产过程中出现的技术瓶颈障碍。此外，青岛市主张健全当今的投融资机制体制。政府投资补助、银行体系与社会资本三者协同构建更为完善健全的融资体系，降低企业融资成本费用，提高融资水平与融资效益。当今中小科技创新型企业普遍存在资金短缺的问题，只有通过各级财政部门与银行体系、外界投资机构的共同努力才能从根本上解决中小科技创新型企业的融资难问题。资金问题解决到位，这才有助于提高中小科技创新型企业的创新能力、创业水平，而且有助于提高整体市场竞争力。此外，中小科技创新型企业由于缺少相应信用评价机制，也很难从商业银行借入企业所需要的资金。为了解决中小科技创新型企业融资难的问题，产业集群内中小科技企业可以组成产业联盟，组建针对中小科技企业的投融资公共服务平台。

对符合条件的高新技术企业实施一系列的扶持措施：为在孵企业提供资金支持；为企业提供科技保险支持，支持企业加大研发投入，支持企业成长为高新技术企业，支持企业创新国际化，支持企业承接技术转移，开展专利运营试点，鼓励科技创新型企业到青岛蓝海股权交易中心挂牌交易；加大新型企业家培养力度，实施企业动态管理。

二 创新创业模式与路径

创新创业模式主要有以下几种：

（一）美国128公路模式

作为美国创新创业的集中地，通过美国的创新创业环境分析了解到，美国的创新创业模式是与大学紧密结合，美国在对高校优秀的人力资源运用基础上，创新创业型人才的培养生态系统得以建立，并得到良好的发展与进步，直接带来的结果就是为美国创新创业环境的建设带来了极大的助力，输送了大批的科技创新创业型人才。例如，麻省理工学院、宾夕法尼亚大学等世界著名高等学府的集聚，为128公路园区带来了丰富的人力资源。世界著名的风险投资机构、法务咨询、金融巨擘都在此地汇集，这为当地创新创业型人才的培养提供了资金支持、法律咨询、金融服务等更为便捷的专业性服务。

成熟的创业孵化器的蓬勃发展，成为人才创新创业的发展基石。各种创业服务组织为创新创业提供了互相交流的服务平台。美国严格的法律制度为创新创业型人才进行创新创业活动创造了更为公平公正的社会环境。人力资源、金融资本、科学技术等创新要素的聚集，市场在资源配置中占据主导地位，这些条件都有助于128公路园区构建稳定、循环的创新创业生态环境。构建多元化公共服务平台，特别是专业机构外包服务方面，128公路园区的中介服务机构更为丰富，例如，会计师事务所、律师事务所、猎头、安保、技术转移中介结构等，为128公路园区提供了健全的服务体系，在不断的发展中，形成了128公路园区模式。

（二）德国"联盟"模式

在德国的创新创业模式中，高度重视联盟式发展，以政府为主导，进行银行、高校、企业、院所联盟式发展。联盟通过集合不同主体的创新优势来形成发展的合力，面向产业集群，通过联盟建立促进成果的迅速转化；德国对于创新创业的发展并不只是集中在国内，还注重国家联合，通过国际联合打破国内创新创业瓶颈。德国公共科研体系的构建，为德国创新创业环境、模式的变革与发展起到了推动作用。德国公共科研体系的构成比较多元化，海姆霍茨大研究中心联合会等非营利性科研机构、马普斯等离子体中心等国立科研院所、慕尼黑大学等大学科研机构，这些科研机构协同创新，分别代表着不同的专业水平。此外，德国的高等教育体系也十分完善，承担着德国人才培养的重大责任。职责明确、定位准确、分工清晰的公共科研体系成功营造了德国良好的创新创业环境，促进了德国科技的发展变革与革新。

（三）深圳市政策＋创赛＋平台＋金融＋宜居

深圳市作为中国当前创新创业的龙头城市，在近几年创新创业环境的评价中蝉联冠军。通过分析深圳的创新创业环境，发现深圳市创新创业发展之所以领先全国，首先离不开政府对于创新创业在政策和资金等方面的大力支持；其次是对创新平台的重视，通过整体创新创业平台的建设，形成全面的创新网络；并且深圳市十分重视融资管理和创业大赛的举办。深圳作为改革开放的龙头城市，更要加强对外开放，取其精华、去其糟粕，将自身创新创业模式与外国模式进行对接，以腾讯、华为、中兴三大科技创新型企业为领头人，发展高科技产业的周边产业，将华为、腾讯、中兴的管理模式与中小企业家分享，给他们最深刻、最直接的帮助。深圳市创新创业在不断的发展中也形成了自己的发展模式。

（四）武汉市"光谷"模式

近年来，武汉市的创新创业环境发展迅速，起到了模范带头作用，通过对武汉市创新创业环境的分析，发现武汉在多年的发展中逐渐形成了自身的发展模式；光谷之所以形成"光谷"模式在于其创新性的招商引资模式，首先，是环境招商，武汉作为中部最大的城市，地理位置优越，海陆空交通十分便捷，各种基础设施十分完善，武汉的光谷也是国家创新示范区，因此，具有国家和地方政府的双重政策叠加，各种创新要素十分活跃。而且作为"中国索尼"的雅图微显示投影仪产业、中国航空科工锐科光纤等大型电子巨头的加入，带来大量的发展资金，雅图带来将近 20 亿元，中国航空等三大企业带来将近 30 亿元的发展资金，因此，武汉市的创新创业环境是其成功的一大秘诀。其次，通过产业链进行招商引资，通过引进龙头企业来延伸产业链，加快产业集聚；例如，国内最大的玻璃产业巨头北京东旭集团，投资 52 亿元在光谷建设做大的 TFT 液晶玻璃基板项目。成功的招商引资模式促进了武汉光谷的形成和快速发展。

三 青岛创新创业模式与路径

（一）创新创业大赛引导下的创新创业模式（图 5 - 1）

通过对青岛市创新创业模式调研发现，当前青岛市每年都举办不同规模的创新创业大赛，例如由创新创业大学举办的创业大赛。在赛程中邀请来自青岛的企业参与，企业的老总可以作为评委参加大赛。通过创新创业大赛来吸引大量的创新型项目和创投资金的进入，不仅为创新型项目赢得了展示的机会，也为创新项目的拥有者带来发展的机遇，在创业大赛的引导下为创新项目融资，进而在创新文化氛围中逐渐发展成具有活力的科技创新型企业。

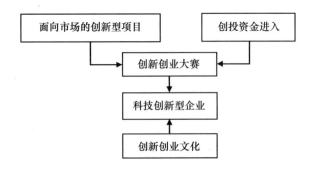

图 5 - 1　创新创业大赛引导下的创新创业模式

（二）协同创新下的创新创业模式（图 5 - 2）

协同创新作为当前创新的新模式，青岛市也将协同创新作为创新创业发展的新模式，通过融合政府、科研机构、中介组织、大学的力量来培育新的企业，即政府通过财政、税收以及法律等政策进行支持科技创新型企业的发展，通过政府政策或者创新型项目吸引大量的创投资金的进入，为科技创新型企业的发展提供良好的政策帮助和资金支持，高校和科研院所可以为科技创新型企业提供技术和知识资本的支持，而且大量的科技型项目源于大学和科研机构，因此，大学和科研机构也是创新的源地；中介组织能够为科技创新型企业的发展提供法务咨询、财税审计等方面的便利，因此，为创新创业型企业发展带来各种保障。通过政府、大学、科研机构、中介组织的支持，培育出大量的创新创业型企业，形成了创新创业的新模式。

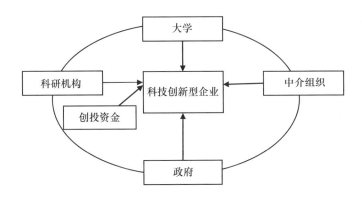

图 5 - 2　协同创新下的创新创业模式

（三）孵化视角下的创新创业模式（图 5 - 3）

孵化器作为培育创新创业型企业的优良基地，青岛市也在大力发展孵化器，为孵化器的发展提供较多便利，在近年来的发展中也取得一定成效。孵化器通过提供优良的基础设施和技术支持等吸引大量具有潜力的待孵化企业进入，进而吸引创投资金进行投资，通过吸引创投资金促进相关待孵化企业的发展和创新创业型人才及企业的培育。在这样的创新文化和创新条件下使得待孵化企业获得良好的发展机遇，经过不断的培育逐渐成长为实力强劲的科技创新型企业。

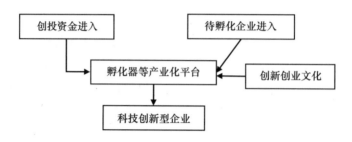

图5-3 孵化视角下的创新创业模式

（四）产业联盟支撑下的创新创业模式（图5-4）

战略联盟集聚了各协同主体的要素、资源、优势等。中小企业和大企业的实力集合，创新能力得到升华，同时辅以进步的、新颖的创新创业文化推动科技创新型企业的发展。

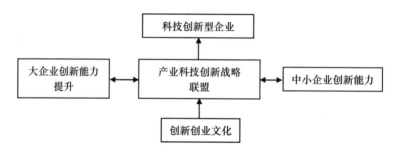

图5-4 产业联盟支撑下的创新创业模式

（五）大企业支撑下的海尔内企业家模式（图5-5）

海尔集团作为青岛市实力强劲的创新型大型企业，在多年的发展中不断地完善自身，通过创新发展模式在企业内部形成内企业家。内企业家即海尔集团为鼓励创新，允许企业内部达到标准的创新项目独立成立发展团队进行研发创新，这样一个团队以一个小企业的身份存在于集团内部，并且海尔集团给予创新团队资金、技术等方面的支持，同时参与股份，在这样一个创新文化氛围的激励下，催生了大量的内企业和内企业家，成功的项目将与海尔集团共享利润。

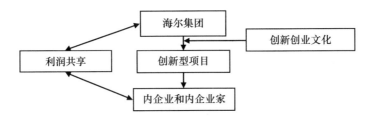

图 5-5　大企业支撑有机创新创业的海尔内企业家模式

（六）引进聚集下的橡胶谷模式（图 5-6）

近年来，位于市北区的橡胶谷发展十分迅速，作为一个行业协会、大学、科研机构、知名橡胶企业和相关中介服务为支撑的高端产业集聚区，通过引进国内外的孵化中心、研究发展中心和服务平台，借鉴国内外的前沿发展经验，在良好的创新创业文化氛围中逐渐培育起大量的创新创业型企业，把科学研究、创业培训、文化宣传、会展商务、信息媒体、中介融通六大功能有机融合。入驻产业集聚区的科技创新型企业彼此之间信息、资源、供需方关系共享，人力资本流通更为便捷，最终打造成一个集合国际贸易、技术、人力资本、文化产业、咨询服务的综合性橡胶行业生态圈。

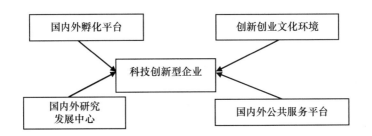

图 5-6　引进聚集下的橡胶谷模式

（七）系统创新创业模式（图 5-7）

系统创新创业模式，是以系统观为视角，在区域协同创新平台系统中，该平台有多个主体，主要包括高等学府、科研院所、政府、企业以及中介组织。系统能否正常、有效、平稳运行的关键在于各主体之间能否进行有效的沟通协作，达到一种稳定的状态。在区域创新系统中，政府的作用主要是政策引导、宏观调控，通过有效的政策措施促进其他区域协同创新平台体系的互动沟通和科学发展；大学的主要作用是科学研究、培养人才和服务社会；科研院所的主要作用是科学研究和服务社会；企业的主要作用是产品研发以及成果实体化、产业化并取得相应的经济效益等，是区域创新系统的中心主体；科技中介组织的主要作用是发挥黏合剂的功效，科技中介组织存在的重要意义在于是否能够将科研院所的研究成果与企业相融合，将成果产业化，通过平台体系中各个主体的协同，在创新创业文化环境中，共同培育科技创新型企业并全面提升企业的创新能力。

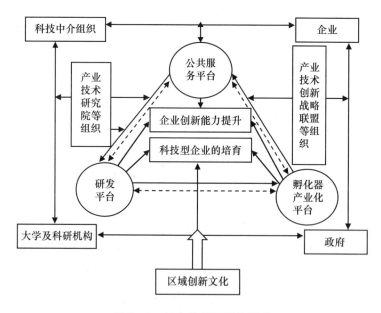

图 5-7 综合的创新创业模式

第二节　协同培养机制与创业绩效
关系的实证研究

一　文献回顾与研究假设

(一)　国家政策保障与创业绩效

国家政策保障对创业绩效有重要的影响。健全创业教育相关的法律法规,这不仅能够营造良好的创业生态环境,而且可以促进高校创业型人才能力的培养。德国的《德国高技术战略》对创业型人才培养提出了指导意见,对国家培养创业型人才起到重要的推动作用。美国推出"创业美国计划"主要是营造一个良好的创业生态系统,增强创业者与创业导师的有效沟通。基于以上分析,本部分提出以下假设:

H1a:其他条件保持不变的情况下,国家政策保障与创业绩效呈显著正相关。

(二)　高校创业教育与创业绩效

为了提升创业绩效,高校需要优化创新创业教育系统,在教学方式方面,通过互动的教学方式,激发大学生的创业自主性意识、拓宽专业知识,提升大学生创业能力。创业型导师队伍建设也非常重要,学校创业导师的指导对学生的专业发展和成长影响很大。学术创业与大学创业教育有机融合便于培养创新创业型人才。创新创业的校风可以培养学生的创新创业精神,发挥学生的想象力,激励学生开展创业行动。良好的高效创业环境能够鼓励大学生参与到创业活动中去。基于以上分析,本部分提出以下假设:

H1b:其他条件保持不变的情况下,高校创业教育与创业绩效呈显著正相关。

(三)　产业协同与创业绩效

高校与产业协同培养是提升创业能力,并且有效地提高创业绩效。产、学、研的合作模式可以丰富学生的创业知识,提升学生的创业能力,"学生与企业家互动是创业教育的一种重要学习方式",能为学生创业行为提供精神上的动力和实践经验。通过创新创业实践，大学生能提升自己的创业能力，从而提高创业绩效。基于以上分析，本部分提出以下假设：

H1c：其他条件保持不变的情况下，产业协同培养与创业绩效呈显著正相关。

(四) 创业能力与创业绩效

创业能力的提升，有助于创业者在创新活动过程中创业绩效的提升。创业能力蕴含在创业者完成创业活动过程中的各项行为中，并决定了完成任务行为的效率和效果，进而影响创业绩效。基于以上研究，本部分提出以下假设：

H2：其他条件保持不变的情况下，创业能力与创业绩效呈显著正相关。

H3：创业能力在协同培养机制与创业绩效之间起到中介作用。

根据以上已有研究，本部分建立结构方程模型，如图 5 - 8 所示。结构方程模型有 5 个潜变量，19 个观测变量。外生潜在变量分别为国家政策保障 ($\xi1$)、高校创业教育 ($\xi2$) 和产业协同培养 ($\xi3$)，内生潜在变量为创业能力 ($\eta1$) 和创业绩效 ($\eta2$)。国家政策保障的观测变量包括创业型人才培养战略与目标 ($x1$)、创业型人才培养计划实施效果 ($x2$)、相关法律法规的支持力度 ($x3$)、创业专项基金 ($x4$)。高校创业教育的观测变量：创业能力培养目标与培养计划 ($x5$)、创业教育课程的系统性 ($x6$)、校内创业导师的配备情况 ($x7$)、高校创业氛围 ($x8$)；产业协同培养的观测变量：校企合作组织机构 ($x9$)、学生与企业家互动平台搭建情况 ($x10$)、企业提供实习机会 ($x11$)、企业赞助经费 ($x12$)。创业能力的观测变量为：进行自我评估的能力 ($x13$)、自我激励的能力 ($x14$)、执行力 ($x15$)、团队合作能力 ($x16$)。创业绩效的观测变量为：公司营业额增长程度 ($x17$)、创业型人才成长 ($x18$)、公司扩张速度 ($x19$)。依据上述假设建立测量各个潜变量因果关系的结构模型。

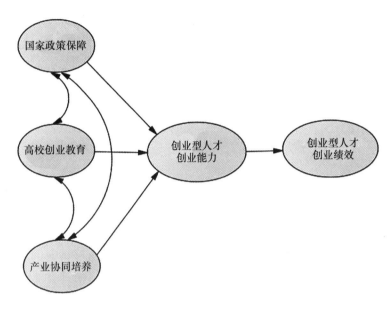

图 5 - 8 协同培养机制与创业绩效的关系模型

二 研究设计

(一) 问卷设计

问卷的设计来源于成熟的调查量表，在此基础上将问卷采用 lik-ert 五点量表法进行设计。在创业绩效的影响因素问题设计中，采用 3 个维度 12 个题项，分别是国家政策保障（4 个题项）、高校创业教育（4 个题项）、产业协同培养（4 个题项）；在对创业能力构成要素方面采用 4 个题项进行测量；在对创业绩效方面采用 3 个题项进行测量。问卷设计主要包括以下三个方面的内容：一是被调查创业型人才的基本情况；二是创业绩效的影响因素；三是创业能力的构成要素结构。

(二) 样本与数据收集

问卷调查对象的总体为大学生创业型人才，样本选择参加"创青春·全国大学生创业大赛"的参赛大学生。问卷通过两种方式发放：一种是调研人员亲自向调研对象阐述调研目的并发放问卷；另一种是通过与"创青春·大学生创业大赛"的主办方合作的方式发放问卷。

截至2016年3月底，共发放问卷455份，得到有效样本323个，有效回收率71%。t检验结果表明，先后回收的两批有效样本的创业能力的构成要素结构以及创业能力培养的影响因素等变量不存在显著差异（p>0.05）。因此，本部分不存在显著的无影响偏差。

三 实证结果与分析

（一）信度及效度检验

对问卷的有效性和可靠性进行验证。本部分利用 spss 22.0 对五个变量的 19 个可观测变量进行可靠性分析。分析得到问卷的整体 cronbach α 值为 0.916。五个潜变量的信度检验结果分别为 0.819、0.859、0.873、0.880、0.890。理论上来讲，信度系数越大，说明测量的可信程度就越高。根据检验结果可以知道样本数据具有非常好的内部一致性。

问卷的有效性分析采用 KMO 和 bartlettd 的球形度检验，通常 KMO 值在 0.50 以上时，比较适合作因子分析，分析得出问卷的 KMO 值为 0.915，bartlettd 的球形度检验的显著性概率为 0.000，问卷的效度非常高，数据分析结果可信性非常强。数据具有非常高的相关性，适合作因子分析。

表 5-1　　　　　　　　　KMO 和 Bartlett 球形检验

Kaiser-Meyer-Olkin Measure of Sampling Adequacy		0.915
Bartlett's Test of Sphericity	Approx. Chi-Square	3557.201
	Df	171
	Sig	0.000

（二）因子分析

在运用探索性因子分析确定因素后，进行验证性因子分析，分析软件采用 IBM SPSS Amos 21，如图 5-9 所示，为创业型人才协同培养结构方程模型路径图，潜变量用椭圆表示，观测变量用矩形表示。

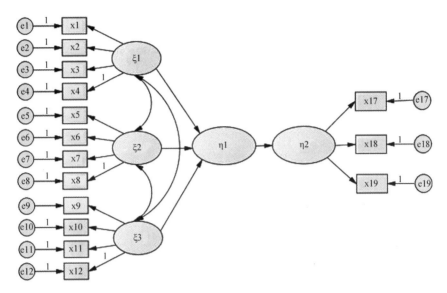

图 5 - 9　协同培养机制与创业绩效关系结构方程模型路径

从得到的模型参数值可知，国家政策保障、产业协同培养与创业能力之间的路径系数为正，并且具有显著性。高校创业教育与创业能力之间的路径系数为负，同样具有显著性。由此可见，创业能力是国家政策保障、高校创业教育以及产业协同培养共同作用的结果。

（三）结构方程模型数据分析

如表 5 - 2 所示，三个外生潜变量 C. R. 值均大于 6，且 $p < 0.001$，说明三个内生潜变量之间具有很强的相关性。如表 5 - 3 所示，路径分析得到的三个内生潜变量对创业绩效影响程度的标准化路径系数，分别是国家政策保障 0.40，高校创业教育 0.75，产业协同培养 0.58，假设 H1a、H1b、H1c 均得到验证。高校创业教育对创业绩效影响较大，而国家政策保障与产业协同培养影响相对较小，但是三者的有机耦合是创业绩效提升的关键。

表 5 - 2 外生潜在变量协方差

			Estimate	S. E.	C. R.	P
ξ1	<—>	ξ2	0.489	0.058	8.418	***
ξ2	<—>	ξ3	0.593	0.068	8.741	***
ξ1	<—>	ξ3	0.307	0.044	6.911	***

注：C. R. 值即为 t 值，*** 表示 p < 0.001，** 表示 p < 0.01，* 表示 p < 0.1。"ξ1"表示变量"国家政策保障"，"ξ2"表示变量"高校创业教育"，"ξ3"表示变量"产业协同培养"。

表 5 - 3 路径/载荷系数估计结果

			Estimate	S. E.	C. R.	P	标准化路径/载荷系数
η	<—	ξ2	-4.326	1.152	-3.755	***	0.75
η	<—	ξ1	3.731	0.896	4.165	***	0.40
η	<—	ξ3	2.689	0.792	3.393	***	0.58
x4	<—	ξ1	1.000				
x3	<—	ξ1	1.191	0.102	11.683	***	
x2	<—	ξ1	1.226	0.105	11.677	***	
x1	<—	ξ1	1.059	0.099	10.676	***	
x8	<—	ξ2	1.000				
x7	<—	ξ2	1.010	0.069	14.718	***	
x6	<—	ξ2	0.996	0.067	14.946	***	
x5	<—	ξ2	0.883	0.063	13.913	***	
x12	<—	ξ3	1.000				
x11	<—	ξ3	1.133	0.092	12.279	***	
x10	<—	ξ3	1.272	0.091	13.959	***	
x9	<—	ξ3	1.249	0.088	14.189	***	
x13	<—	η	1.000				
x14	<—	η	1.092	0.108	10.110	***	
x15	<—	η	1.036	0.104	9.934	***	
x16	<—	η	1.126	0.103	10.917	***	
x18	<—	η	1.196	0.116	10.302	***	
x19	<—	η	1.273	0.114	11.139	***	
x17	<—	η	1.296	0.115	11.294	***	

注：C. R. 值即为 t 值，*** 表示 p < 0.001，** 表示 p < 0.01，* 表示 p < 0.1。"ξ1"表示变量"国家政策保障"，"ξ2"表示变量"高校创业教育"，"ξ3"表示变量"产业协同培养"，"η"表示变量"创业型人才创业绩效"。

（四）创业能力中介效应的检验

根据研究假设的内在逻辑，在前置假设得到验证的前提下进行中介作用检验，假设 H1a、H1b、H1c 均得到验证，因此对创业能力在协同培养机制与创业绩效之间的中介作用进行检验。回归方法检验结果如表 5 - 4、表 5 - 5、表 5 - 6 所示。

表 5 - 4　　　　　　　　创业能力在国家政策保障与创业绩效
之间的中介作用检验

变量	创业绩效			
	模型 1	模型 2	模型 3	模型 4
国家政策保障	—	0.165 *	—	0.134
创业能力	—	—	0.176 *	0.146
R^2	0.050	0.044	0.080	***
ΔR^2	0.022	0.046	0.048	0.060
F	1.890	2.344 *	2.378 *	2.388 *

注：* 为在 0.05 水平上显著。

表 5 - 5　　　　　　　　创业能力在高校创业教育与创业绩效
之间的中介作用检验

变量	创业绩效			
	模型 1	模型 2	模型 3	模型 4
高校创业教育	—	0.342 *	—	0.257
创业能力	—	—	0.176 *	0.134
R^2	0.050	0.137	0.080	***
ΔR^2	0.022	0.046	0.048	0.112
F	1.890	4.334 *	2.378 *	4.358 *

注：* 为在 0.05 水平上显著。

表 5 - 6 　　　　　　　　　　创业能力在产业协同培养与创业绩效
之间的中介作用检验

变量	创业绩效			
	模型 1	模型 2	模型 3	模型 4
产业协同培养	—	0.242*	—	0.205
创业能力	—	—	0.176*	0.104
R^2	0.050	0.137		0.080***
ΔR^2	0.022	0.046	0.048	0.112
F	1.890	3.456*	2.378*	3.011*

注:* 为在 0.05 水平上显著。

检验结果表明,国家政策保障、高校创业教育以及产业协同培养通过创业能力来影响创业绩效,创业能力在协同培养机制和创业绩效之间起到重要的中介作用。因此,为了提升创业绩效,应重视培养创业型人才的创业能力。

四　结论与讨论

1. 其他条件保持不变的情况下,国家政策保障与创业型人才创业绩效呈显著正相关,高校创业教育与创业型人才创业绩效呈显著正相关,产业协同培养与创业型人才创业绩效呈显著正相关。说明应当重视高校创业教育,高校应当提出明确的创业型人才培养目标与培养计划、丰富创业教育课程、在校内配备创业导师、营造良好的高校创业氛围。同时,应进一步完善国家及省市针对大学生的创业教育激励政策。

2. 通过多元回归检验,得出创业能力在协同培养机制与创业绩效之间起到中介作用。这说明除了专业知识外,在大学阶段创业能力的培养非常关键。因此,为了提升创业绩效,需要政府、大学及企业采取多种形式协同培养大学生的创业能力,重点培养创业型人才的创新精神、自我认知、自我调控能力、自我激励能力、执行力及团队合作能力等。

3. 政府、大学及企业的协同创新效应对协同培养机制建设非常
关键。创业型人才协同培养系统是共生系统，共生系统的共生单元由
政府、大学和企业等构成。共生单元有效沟通、协同创新，才能促进
共生系统的有效运转。

第三节　创业情境下管理强度与创业绩效关系探讨

在创业企业的发展过程中，需要有激情的创业者，用他们的激情
去感染周围的人，激励他们更好地为企业发展而努力。创业者在创业
企业发展过程中处于核心地位，创业资源的获取、机会的识别、企业
的运营等都离不开创业者，主要研究两个方面：一是探索解决创业企
业管理内容与过程两个概念分离的问题，提出用创业管理强度来衡量
创业企业初期不规范情境下管理匹配问题；二是创业管理强度影响创
业绩效的中介机制研究——从团队合作的角度来解释这种作用过程。
概念模型如图 5 - 10 所示。

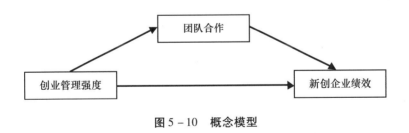

图 5 - 10　概念模型

一　理论基础和研究假设

（一）创业管理强度

对于创业管理强度，有两个研究视角值得借鉴。其一是创业者个
体特质视角。在理论探讨上，鲍姆（Baum）等认为创业者的人格特
质中包括激情与执着，这种激情与执着的特质强化了创业者与企业之

间的关系；在实证方面，一些研究发现以创业者特质为基础的创业激情会影响创业相关人群行为。其二是成熟企业管理制度演化视角。博文和奥斯特罗夫（Bowen，Ostroff）最早从人力资源管理角度探讨了这个问题。德尔莫特（Delmotte）等在博文和奥斯特罗夫研究的基础上，从人力资源员工感知的视角，建立了人力资源管理强度的测量工具。在创业情境下，创业者的激情在企业中起到至关重要的作用。麦奎尔（Mcguire）认为信息的传递需要经过信息编码（Encoding）和接收（Yielding）两个阶段。在博文和奥斯特罗夫对成熟企业研究基础上，本部分认为可以用创业管理强度来表示创业全体成员在人力资源管理过程中的作用。

（二）创业管理强度与企业绩效

创业企业与传统企业相比的一个突出的特点就是具有灵活性，更善于抓住机会，倾向于机会导向型，创业管理强度高意味着创业者的战略能够及时传递并被员工认可，从而能够迅速执行创业者的意图，抓住创业机会。创业企业在其创立初期具有新创弱性，其发展所需资源在很大程度上是由创业者提供的，如果创业者提供的资源能够得到很好的利用，创业企业就会按照既定的轨道发展下去，企业的运作效率就会提高，继而企业的发展绩效就会提升。基于此，提出以下假设：

假设1：创业管理强度对创业企业绩效具有正向影响。

（三）创业管理强度与团队合作

创业管理强度作为一种创业企业内部创业者与成员信息接收与匹配程度，代表着创业成员对于创业企业的了解程度，对员工起到一种激励作用。对于创业企业来说，吸引创业成员更可能是对于企业未来的发展、企业的愿景规划，而这也正是创业企业内部合作的基础。田（Tian）等认为组织合作的基础是成员之间相互感知到其具有共同的目标，创业企业内部的管理强度越强，表明创业成员对于创业者传递的信息的理解越精确、对于创业企业的理念越认同，进而会在创业企业内部产生良好的工作氛围，促进组织合作。基于以上的讨论，提出以下假设：

假设2：创业管理强度对团队合作具有正向影响。

（四）团队合作与创业企业绩效

团队合作指的是在组织之中，组织成员为共同的目标而努力，在努力过程中互相依赖、相互扶持的行为状态。托马斯（Thomas）认为团队合作能够使自己借助团队、借助众人的力量来实现自身的目标。林（Lin）等认为团队合作主要会产生促进团队成员之间相互了解、在企业内部营造出良好的氛围、促进创业者的创业理念转化为实际行动三方面的作用。梁（Liang）等认为当组织成员更愿意提供相互的帮助继而提高组织绩效。基于以上的讨论，提出以下假设：

假设3：团队合作对创业企业绩效具有正向影响。

假设4：团队合作在创业管理强度与创业企业绩效的关系中起着中介的作用。

二 研究设计与方法

（一）量表开发

1. 创业管理强度测量工具的形成

以往的文献中并没有创业管理强度的测量工具，本部分开发了该测量工具，开发过程包括深度访谈、形式初始测量问卷、评定和修改初始测量问卷。

2. 量表预测试与信效度检验

量表的预测试在接受访谈的创业企业中进行，预测试对象为创业企业的员工。预测试问卷的回收率为71.33%，对回收的样本进行探索性因子分析（EFA）来检验量表的信效度。分析结果详见表5-7。

表5-7　　创业管理强度的探索性因子分析结果

	因子1	因子2	因子3
1. 我对创业者的理念有清晰的了解	0.886		
2. 创业者的理念有助于我自身知识和能力的提升	0.880		
3. 我能够很好地领会创业者的意图	0.738		

续表

	因子1	因子2	因子3
4. 创业者在不同时期所表达的观点是一致的		0.757	
5. 创业者在不同场合中所表达的观点是一致的		0.728	
6. 创业者的观点能够给企业带来效益		0.632	
7. 我对创业者的观点非常认同			0.738
8. 我认为创业者对待员工是公平的			0.612
9. 创业者的理念符合自己的期望			0.519
方差贡献率（%）	30.88	21.98	15.15
信度	0.81	0.90	0.78

注：N = 107。

（二）主研究

1. 研究对象

本部分的数据来源于创业中小企业，研究对象为创业中小企业的创业员工，调查形式为网上电子问卷与实地纸质问卷调查相结合的方式。网上问卷调查主要运用问卷星进行统计和回收。实地纸质问卷的回收方式主要有两种：一是直接到创业科技园区现场发放和回收问卷；二是通过邮寄纸质问卷填完之后再寄回的方式回收问卷。

2. 变量测定

创业管理强度：采用预测试发展出来的9题项量表来测量创业企业中的管理强度，由创业员工进行评价。该量表的 Cronbach alpha 系数表明该测量工具具有良好的信度。验证性因子分析（CFA）结果显示，该测量工具具有良好的结构效度。

三　数据分析和结果

（一）衡量模式特性分析

采用标准化因子负荷量作为评估效度指标，结果如表 5-8 所示。

表 5 - 8　　　　　　　　　衡量模式信度、效度分析

变量与指标	标准化负荷量	t-value	混合信度	解释变异估计量
理解性			0.816	0.597
v1	0.747	10.858*	—	—
v2	0.807	12.102*	—	—
v3	0.763	11.178*	—	—
一致性			0.868	0.688
v4	0.798	11.994*	—	—
v5	0.902	14.351*	—	—
v6	0.783	11.684*	—	—
共识性			0.787	0.552
v7	0.722	9.812*	—	—
v8	0.789	10.940*	—	—
v9	0.716	9.698*	—	—
团队合作			0.860	0.510
v10	0.795	12.046*	—	—
v11	0.789	11.930*	—	—
v12	0.778	11.697*	—	—
v13	0.659	9.311*	—	—
v14	0.632	8.821*	—	—
v15	0.605	8.351*	—	—
创业企业绩效			0.881	0.598
v16	0.856	13.486*	—	—
v17	0.755	11.178*	—	—
v18	0.797	12.087*	—	—
v19	0.757	11.225*	—	—
v20	0.692	9.915*	—	—

注：N = 171，*表示 t-value 的显著水平，p < 0.01。

（二）描述性统计分析

从表 5 - 9 中我们可以看到，创业管理强度的理解性、一致性、共识性与创业企业绩效正向相关，组织合作与创业企业绩效正向相

关，创业管理强度的三维度与组织合作之间也呈现出正相关关系。

表 5 - 9　　　　　各主要变量均值、标准差及变量间的相关系数

变量	1	2	3	4	5
1. 理解性	1				
2. 一致性	0.628 **	1			
3. 共识性	0.423 **	0.344 **	1		
4. 团队合作	0.507 **	0.543 **	0.545 **	1	
5. 创业企业绩效	0.581 **	0.478 **	0.499 **	0.488 **	1
平均值	3.99	3.52	3.63	3.82	3.58
标准差	0.70	0.76	0.65	0.58	0.72

注：$N = 171$，** $p < 0.01$，* $p < 0.05$。

（三）假设检验分析

创业管理强度的三个维度对创业企业绩效均具有显著的正向影响，其影响系数分别为 0.939、0.327 和 0.108，支持了假设 1；创业管理强度的三个维度对团队合作也具有显著的正向影响，其影响系数分别为 0.901、0.490 和 0.431，支持了假设 2；团队合作对创业企业绩效具有正向的影响，其影响系数为 0.616，支持了假设 3。

由表 5 - 10 的结果可知，在引入团队合作之后，创业管理强度的理解性对创业企业绩效的影响仍然显著（$\beta = 0.580$，$p < 0.01$），但比剔除中介变量（团队合作）时 β 明显降低（$\beta = 0.939$，$p < 0.01$）；创业管理强度的一致性对创业企业绩效的影响仍然显著（$\beta = 0.580$，$p < 0.01$），但比剔除中介变量（团队合作）时 β 明显降低（$\beta = 0.939$，$p < 0.01$）；创业管理强度的理解性对创业企业绩效的影响仍然显著（$\beta = 0.201$，$p < 0.01$），但比剔除中介变量（团队合作）时 β 明显降低（$\beta = 0.321$，$p < 0.01$）；创业管理强度的共识性对创业企业绩效的影响变为不显著（$\beta = 0.032$，$p > 0.05$），但比剔除中介变量（团队合作）时 β 明显降低（$\beta = 0.108$，$p < 0.01$），因此，假设 4 也得到了数据的支持，即团队合作在创业管理

强度与创业企业绩效的关系中起着中介的作用。

表 5 - 10　　　　　　　　　　　概念模型分析结果

变量间关系	标准化路径系数	t - value	变量间关系	标准化路径系数	t - value
理解性→创业企业绩效	0.939 **	9.572	共识性→团队合作	0.431 **	6.011
一致性→创业企业绩效	0.327 **	4.978	团队合作→创业企业绩效	0.616 **	8.752
共识性→创业企业绩效	0.108 *	1.931	理解性→创业企业绩效[a]	0.580 **	7.011
理解性→团队合作	0.901 **	8.807	一致性→创业企业绩效[a]	0.201 *	2.322
一致性→团队合作	0.490 **	6.981	共识性→创业企业绩效[a]	0.032	0.501

注：N = 171；** 表示 0.01 的显著性水平，* 表示 0.05 的显著性水平；[a] 表示间接关系。

四　讨论与结论

创业管理强度对于创业企业绩效具有显著的正向影响，这种影响效应可以从团队合作的角度得到解释，即创业管理强度对于创业企业绩效的影响是通过团队合作的方式来实现的，创业管理强度高意味着创业者观点能够引发兴趣，创业成员能够很好地理解创业者的战略、理念，并产生认同感，形成良好的工作氛围，创业成员为了共同愿景而进行合作，从而促进企业绩效的提升。

首先，创业者和创业成员达成思想上的一致对于企业的发展有着积极作用，创业者需要通过一系列的行动，包括内部演说、亲身实践等方式来向创业成员传递创业理念，不仅仅是让创业成员了解这些创业理念，更重要的是通过这些行动激发对这些理念的兴趣并对其产生认同感，在创业企业内部形成默契。其次，创业成员在认同创业者的理念之后还需要有途径和方法来实现这种创业理念，创业者要为企业内部的团队合作创造条件，创造合作氛围，鼓励通过团队合作解决问题，积极开发创业机会，为企业快速地发展创造条件。

第六章　创新创业型人才协同创新培养系统研究

第一节　创新创业型人才协同创新培养系统影响因素及趋势性分析

随着创新创业活动热度的增加，有效培养创新创业型人才是各国经济发展、科技创新，提升和教育优化的共同趋势。虽然学术界对于创新人才、创业人才等概念相对清晰，但是对于创新创业型人才概念理解差异较大。

一方面，创新创业型人才具有创新人才特质和创新活动特点，富有创新精神、具备创新意识、拥有创新能力、善用创新思维、表现创新行为和产出创新成果，而深层表现为创新人才专业知识结构、创新能力结构和素质结构。因此，在培育上强调创新行为，培养注重创新精神、创新意识、创新能力、创新思维和创新行为，更注重创新意识与行为后的系统化的知识结构、能力结构和素质结构。

另一方面，创新创业型人才具备创业人才特征和创业活动特点，识别市场机会、利用市场机会、整合市场资源、创立新的组织、开展新业务活动并创造价值，而深层次表现为对于市场机会、资源整合、风险管理等所具备的知识、能力和特质结构。因此，在培育上更加强调的是商业行为，在一定的市场环境中识别机会并利用市场机会、整合市场资源、开展新事业、提供产品或服务、实现价值获得回报，并承担此过程产生的各种风险，机会、资源、管理、风险等是创业人才培育关注的重点。

一　创新创业型人才成长特征

创新创业型人才既非一般意义上的从事科学技术创新活动的研究人员，也非一般意义上的企业管理者。一方面，其创业性活动具有创新性，从创业者创业活动和社会进步的角度来看，创业者具有"创新者"的形象，不仅仅是发现机会、整合资源开创新的事业，相对于其他竞争者而言，创业者能更好地满足消费者需求或者更好地完成某些事情，新的产品和服务、新的管理方式、新的组织形式等。另一方面，创新活动具有创业性，在创新活动过程中以创业实现创新，不同于从事基础科学研究的科学技术人员，更注重于创新在实践中的应用，能有效地发现、辨识市场机会，特别是有隐含其中的技术机会，创新创业型人才以自己拥有或者控制的知识和技术为创业成功的关键，把握潜在的商业机会，通过新的技术、新的市场、新的制度、新的观念、新的产品、新的管理等创新方式去利用这些创业机会并实现其价值。因此，创新创业型人才创新创业活动应具备以下特征：

（一）持续创新是创新创业型人才活动的基本特点

创新创业型企业需要必要的技术储备为核心竞争力，拥有持续不断的创新活动和新技术是其生存的重要能力，其表现为拥有一定的知识产权或者技术储备，往往是其竞争对手所不具备的或难以模仿的。随着创业的进行，需要持续的创新活动，保证在市场上具有持续吸引力和竞争力，通常其研发投入和费用占比较高。在企业成长时期，创新创业型企业想在市场中占据有利的位置，就需要持续的创新活动，保证在理念、技术、管理等某一领域领先于竞争对手，技术迭代频率越来越快，周期越来越短。而从整个国家经济运行和技术发展角度来看，创新创业型企业往往是国家经济中最活跃的经济主体，同时也是近期技术应用最活跃的主体，相关产业往往也是经济活动最活跃的产业，创新创业型企业的数量和规模往往随着技术的迭代和市场机会出现较大的变化。

（二）创新创业型活动"高风险、高回报"特征更加明显

创新创业是以创新驱动的创业过程，相对于其他创业过程，其市

场机会识别需要结合实际的创新活动去探索和识别，市场机会相对隐蔽或者难以把握，其环境变化相对复杂。创新创业同时是一种思维和行为方式，是创新驱动并以市场机会为中心的创业思考和行为方式，与其他创业行为不同，不以资源为导向，而以创新活动为导向，实现价值的过程。在这个过程中，创新创业型人才需要思考创新活动与创业行为的关联，从识别市场机会开始，一边思考一边行动。创新创业型企业发展早期，初始进入市场时，创新创业型企业往往掌握着独特的技术和知识，在理念、产品或者服务、经营机制、经营管理等某个方面或者多个方面具有优势，甚至具有唯一性，相对其他竞争对手具有较强的竞争力，具有较高的收益；同时当被市场认可时，具有较强的适应性，成长十分迅速，在短时间内可以获得非常可观的回报。

创新创业型企业面临的风险相对于其他创业企业，其面临的风险要更高。由于市场机会并不明显，需要结合技术的发展趋势和创新活动去理解和把握，因而面临更高的市场风险；创业初期，往往需要大量的资金投入，进行创新应用和转化，因而面临更高的财务风险；由于技术并没有在市场中进行验证，技术应用和转化面临更多的不确定性，从而面临更高的技术风险；企业快速成长过程中，面临更多管理风险和经营风险；创新创业型人才因此需要具有较高献身精神和创业意识，在创新创业活动中，承受巨大的压力，具有更高的个人风险。因此，创新创业型企业初创成功率不高，高风险与高收益并存。

（三）创新创业型企业知识密集型更为明显，是其最活跃的因素

创新创业型企业核心资源是创新创业型人才的智力资源，创新创业型人才是创新活动的主体，其拥有知识是创新创业型的无形资本，往往在企业资产中具有较高的比例，这些创新创业型人才不仅仅是技术的拥有者，更是技术的实践者，将创新与创业融合，在创业中实现技术创新和应用创新。创新创业型人才通常具备以下特点：

1. 立体化的知识结构。创新创业型人才应具备系统化的专业知识，一定专业知识储备是进行创新的基础，是创新能力培养的必备条件，同时能够更有效地将创新和创业进行结合。知识的交叉和融合是创新创业型人才成长的关键因素，创新创业知识的交叉与融合，过分

强调创新而忽视其应用，过分强调市场机会而忽视技术支撑是创新创业型人才培养上的误区。宽厚的商业知识和管理知识，高深的专业知识和技能，二者交叉融合才能形成完整的创新创业知识体系。

2. 创新创业复合能力。创新创业型人才具有较强创新创业思维，能够思考创新活动和创业活动的关联，具有较强的商业视野，熟悉产业中关键技术的发展趋势和关键技术，能够在创新基础上理解技术的应用情境，思考解决相关问题。创业初期，能结合创新活动和技术趋势迅速挖掘、识别和把握市场机会；并结合创新活动整合资源，将创新应用到具体的产业情境中。新的理念、新的市场、新的原材料、新的产品和服务、新的生产工艺、新的组织形式、新的管理方式等，创新创业型人才总能在创业活动中进行创新活动，知道如何利用创新活动开展创业活动，其创新创业能力渗透在创新创业型企业中的方方面面。同时在创新活动中，具有较强的经营管理能力，有效整合资源，利用创新资源和活动获取企业所需的人力和资金，有效领导团队成员实现组织目标，对于创新创业过程中风险具有较强的感知和把控，实现企业的价值。

3. 创新创业意识与特质。创新创业型人才，显然不是墨守成规的人，也不是工具式和体系化的人，而是追求个性、追求自由、追求独立的人。个性与创新创业型人才有着密切联系，充满好奇心，有求知欲望，敢于怀疑才会对未知的领域产生浓厚的兴趣；追求自由，追求个性，才会敢于冒险，敢于尝试新鲜事物进入创业领域；在创新创业过程中，坚持不懈、持续奋斗，具有韧性，对自己的事业坚持到底，遇到困难不退缩、不回头，才能在创业过程中不断前行；善于学习，善于思考，对于机会和技术嗅觉敏感，善于辨识并快速抓住机会，不断创新，不断修正和优化，才会在不断创新中前行；开放的意识，责任感强，有较强的团队合作意识，高瞻远瞩，从大局出发，同甘共苦，才能吸引和留住企业的智力资源；不怕失败，抗压力强，乐观向上，敢于尝试挑战风险，具有较强的风险意识，才能在创新创业活动中持续前行。

综合来看，创新创业型人才是创新创业的关键核心因素，创新创业型人才需培育创新创业所需的知识、能力和特质，这决定了创新创业型企业的绩效和发展，决定了其在产业情境中的生存能力、竞争能力和可持续性，因此，创新创业型人才需要在具体的产业情境和创业过程中不断涌现和成长。

创新创业型人才培育系统本质上是创新创业型人才自我成长的系统，是创新人才在具体的产业情境中通过创新创业活动不断自我成长的过程，从成长内涵来看，是创新创业型人才知识、能力和特质形成和发展的过程，除了个人的天赋能力和性格特征等，绝大多数的知识、能力和特质是在具体的创新创业学习和实践中形成和成长的，特别是很多决定创新创业型企业竞争力的知识、能力和特质都是隐形的，是在长时间的创新创业实践中形成的，更多表现为后天的学习和实践，这些知识、能力和特质的形成发展离不开创新创业所处的情境，情境中的各个主体行为影响着创新创业型人才的成长，形成系统化的知识、能力和特质，而直接决定了创新创业型企业绩效，从而又影响到这些主体的进一步行为，进一步影响创新创业型人才的成长。因此创新创业型人才培养系统需要从创新创业型人才自我成长出发，去甄别和分析创新创业型人才自我成长过程中在具体产业情境中的各个主体的行为及其影响，从而梳理这些主体行为及其影响因素对于创新创业型人才内在隐性知识、能力、素质的影响，为创新创业型人才培养从理论到实践找到一个应用的突破口，进而先导性地去影响、设计和干预这些主体行为及其影响因素，培育和提升创新创业型人才知识、能力和组织，促进其成长，进而形成创新创业型人才培育系统化实现方式。

二 创新创业型人才协同创新培养系统特征

创新创业型人才协同创新培养系统是创新创业型人才在创新创业活动中，与创新创业型人才自我成长相关的主体，如创新创业型企业、顾客、竞争者、政府、高等院校、金融机构、中介服务机构等，相互联系、相互协同作用而形成的创新创业型人才自我成长的复杂网络系统。创新创业型人才协同创新系统具有系统性、层次性、网络性和协同性特点。

创新创业型人才协同创新培养系统是由顾客、竞争者、政府机构、大学等教育机构、金融机构、中介服务机构等主体所组成，其行为特征各不相同，但是相互联系、相互影响构成一个统一的整体，在一定时空范围内，所有主体围绕创新创业型人才自我成长不断进行人力、信息和技术资源的传递而形成的相互联系、相互影响的统一整体。在具体产业环境中，创新创业型人才所拥有资源难以满足其创新创业活动的需求，其成长必然受到其他主体行为影响，将创新创业型人才成长与其他主体联系起来，结成一种协同合作的利益共同体，从获取创新创业活动所需的人力、资金、信息等资源，持续进行创新活动不断成长，从而实现创新创业型人才培养的目标。在创新创业型人才协同培养系统中，各主体间通过契约或者非契约确立之间的利益关系，承担各自功能和职责，形成创新创业型人才培养的运行机制，协同培养系统已经跨越了常规组织或者行业的边界，更有效地促使创新创业型人才自我成长。

创新创业型人才协同培养系统呈网络化特征。创新创业型人才协同培养系统主体间的关系呈现网络，系统中各主体虽然相互独立，行为与功能也不尽相同，但是由于地理、功能、交易、利益等，各主体之间互相存在联系。同时由于系统目标存在一致性，因而不同主体间对于创新创业型人才培养具有一致性，主体行为间相互连接或交叉，从而呈现出纷繁复杂的协同培养网络。创新创业协同培养系统的网络关系并不是稳定的而是随着外部环境变化而发生动态变化，系统为适应环境而采取相应行为去适应环境，主体行为发生改变，甚至新的主体进入系统或者主体退出系统，主体间的关系发生改变，系统在动态中实现创新创业型人才培养。因此，创新创业协同培养网络必然是一个复杂的网络，主体成员间关系形成复杂网络，人力、资本、技术等资源要素在网络中进行流动，创新创业型人才在此网络中进行创新创业活动，获得所需的资源和服务，进而不断成长。

创新创业型人才协同培养系统具有多层次特征。创新创业型人才协同培养系统主体并不是处于同一层次，而是表现为多个层面。从创新创业型人才角度出发，创新创业型人才培养系统不仅具有网络化特征，还具有明显的组织层次：最底层是个人层次，该层次包括创业者或潜在的创业者；上一层是企业，该层次包括新创企业；从经济学角度再上层分别是行业组织和地区经济机构，从行政管理角度再上层分别是市、省和国家。在研究创新创业系统培养人才时，要基于多层次系统理论，考虑到创新创业型人才本身同时处于多个层次之中。第一层网络体系通常包括买方、供方、竞争对手以及合作方；第二层网络体系通常包括地方政府、高等院校、科研院所、中介机构以及行业协会；第三层网络体系通常是指宏观的政治、经济、文化和社会环境等。

创新创业型人才协同培养系统主体之间不是处于单一层次和平面上，而是具有多层次的特征。从创新创业型人才成长角度来看，包括外部层面和内部层面，创新创业型人才、团队及其创业公司属于人才成长的内部层面，其行为和活动直接体现为创新创业型人才成长；而其他与创新创业型人才成长的相关主体都属于外部层面。从宏观、中观、微观角度来看，宏观包括以国家及其相关部门为主体，影响因素主要包括创业人才成长的政治、经济、文化、技术等环境；中观主要是创新创业型人才所处的产业环境及其辅助机构，如市场、竞争者、服务机构、教育机构等；而微观环境则是指创新创业型人才自身。从形态的角度来看，物质层面包括创新创业型人才创新创业活动所需的资源、资金、人力等，提供物质主体如供应商、中介服务、金融机构等都属于此层面；精神层面包括创新创业文化、氛围以及创新创业型人才的创新创业精神等，通常是各主体在一定时空内形成的文化意识等方面；制度层面是指创新创业型人才在创新创业活动中所需要遵循的规则、制度以及法规等。

创新创业型人才协同培养系统的协同成长性。在协同培养系统中，创新创业型人才自我成长过程是一个协同成长过程，实际是创新创业型人才从一个成长形态进化为新的成长状态，具体表现为创新创业型人才知识、能力和特质的提升，以及创新创业型企业绩效的提升，是在具体创新创业情境中，各主体协同作用的结果，这种协同关系既有合作关系也有竞争关系。一方面，各主体行为、功能虽不一致，但是行为具有协同性，一方主体的行为会对其他主体产生影响，同时其他主体行为会反作用于该主体，当行为协同时系统就趋于稳定；反之，有可能就会造成创新创业型人才培养效率低下，资源浪费。另一方面，这种关系不一定是合作关系，也有可能是竞争关系，如与竞争对手直接竞争，或者对于同一资源的间接竞争等，这些竞争关系会促进创新创业型人才培养效率，更有利于从一个平衡状态进化为新的平衡状态，但是过度竞争会造成培养系统不稳定，特别是部分主体为了个人利益损害整体利益时，就会对整个培养系统造成损害。

三　创新创业型人才协同培养系统主体分析

在创新创业型人才协同培养系统中，结合各主体行为和功能，将创新创业型人才协同培养系统分为六个层次：人才层、产业层、教育辅助层、金融辅助层、技术辅助层、政府层。人才层面和产业层面属于系统的核心层面，人才层面是由创新创业型人才组成，其自我成长是协同培养系统的核心目标；产业层面是由创新创业型企业所处产业各主体组成，即创新创业型企业创新创业活动所处的产业情境，是创新创业型人才成长的沃土，由新创企业、供方、买方、投资方、合作方以及竞争对手等主体组成。教育、金融、技术辅助层，并不直接参与创新创业型人才创新创业活动，属于系统的辅助层面，是人才培育系统的重要主体，主要提供智力支持、资金、信息等服务。高等院校、科研院所等不断提升创新创业型人才的知识水平；金融机构、技术服务机构、律师事务所等为创新创业型人才创新创业活动提供资金和技术服务；政府层面属于系统支撑层面，主要利用政策、法律等激励、规范和约束各主体行为。

（一）人才层面

创新创业型人才成长是创新创业型人才协同培养核心和目标，当创新创业型人才结合创新活动发现市场机会时就会决定是否采取和开展创新创业活动，这是一个复杂的决策过程，即当创新创业型人才具备一定的知识、能力、素质时，结合创新活动，当发现市场机会时，创新创业型人才是否会选择并从事创新创业活动进而不断成长。当创新创业型人才将自己的创业的意图转化为真实的创新创业活动，才开始真正意义上的成长。从人才层面来说，创新创业型人才协同培养系统主体是创新创业型人才、创新创业团队及其创新创业型企业。创新创业的个体要想成为优秀的创新创业型人才，首先在于他们必须有从事创新创业活动所需的基本知识、能力和特质，才能对创新创业活动有基本的认知，产生需求和意识，进而产生创新创业动机。创新创业型人才会思考预期的创新创业活动给自己带来的收益，比较创新创业活动与其他方案的收益，进而增强其行为的倾向性，最终选择创新创业活动，产生创新创业绩效，在创新创业活动中不断成长。因此从个人层面来讲，影响创新创业型人才培养主要是创新创业型人才的创新创业基础素质、创新创业动机与行为、创新创业绩效。

创新创业基础素质是创新创业型人才需具备的知识、能力和特质的集合，是区别单一创新人员或者创业人员的基本特征。创新创业型人才所需的素质必须是与创新创业活动所处情境所需的素质要求相一致，对创新创业型人才的创新创业过程起到关键的作用，直接决定了后续的创新创业行为和绩效。创新创业型人才素质主要包括三个方面：创新创业知识、创新创业能力和创新创业特质。创新创业知识是创新创业型人才进行创新创业活动所需的基本技能，特别是创新活动，需要系统化的专业知识为支撑。创新创业能力是在创新创业知识基础上实际应用中的综合体现，是创新创业型人才发现、分析、解决创新创业活动中出现的问题能力集合。创新创业特质是创新创业型人才个性特征，是其在精神、态度、品质、情感等方面的总体特征，也是创新创业型人才区别于其他人才比较显著的特征，尽管不同的创新创业型人才所处的创新创业情境不尽相同，其所需的知识和能力也不尽相同，但是创新创业型人才在创新创业特质上具有相似性。

创新创业动机与行为通常是指创新创业型人才行为意愿、行为选择和行为方式。当时创新创业型人才的创新创业活动是一种选择，即面对市场机遇，是否选择创新创业方式并去实践。创新创业动机是创新创业型人才采取创新创业的意愿和行为倾向性，只有创新动机足够强烈时，才会采取具体创新创业行为，才会敢于承担在创新创业活动中产生的各种风险，敢于面对创新创业活动中遇到的各种问题，适应各种复杂多变的环境。强烈的创新创业动机可以激发创新精神和创业的勇气，富有挑战精神，以积极态度面对创新创业过程各种困难和挫折。反之当创新创业型人才缺乏动机时，创新创业型人才就会放弃创新创业活动而选择其他方式，即使采取创新创业方式，也会在遇到困难或者风险时放弃已有的创业，因此很难形成持续的成长。而创新创业型人才的创新创业行为是其在具体的创新创业活动的决策选择和实施，不同创新创业型人才对于创新创业的情境的理解是不同的，因此，在具体的决策选择时不尽相同。正确理解创新活动与市场机会的关联，理解分析创新创业型企业所处的经营环境，制定企业的战略和发展策略，直接影响创新创业型人才的创新创业绩效及其成长。

　　创新创业绩效是创新创业型人才创新创业活动的最终成果，最终表现为创新创业型人才自我持续成长，具体表现为个人（团队）绩效和企业绩效。从企业来看，是创新创业型企业的经营业绩，直接决定了其是否可以持续经营和发展，创新创业型企业的持续发展是创新创业型个人持续成长的必要条件，没有创新创业型企业也就没有创新创业个人，企业需要必要的收入和利润来满足经营和发展需要，同时也是创新创业型个人成长衡量的标准之一。个人绩效为创新创业型人才（团队）的成长绩效，表现为创新创业型人才素质提升、动机行为的合理性，具体表现为知识增加、能力提升、创新创业意愿增强、创新创业决策科学合理等。

　　（二）产业层面

　　创新创业活动是一个过程，是一个在具体产业情境下不断决策的管理过程，从发现市场机会进入产业，创立企业或者新的组织，持续经营直至退出市场。除了个人层面的因素外，与创新创业型人才成长联系最紧密的就是产业层面的因素，这些因素直接影响了创新创业型人才的决策和创新创业活动，直至创新创业型企业的绩效。

　　面对市场机会，创新创业型人才根据自身的创新资源和外在资源，对未来创业环境进行分析，作出是否进行创新创业的决策。创新创业建立以后，根据企业的经营状况和市场环境进行投资，开展创新活动，向顾客提供产品和服务，获得利润，然后再投资，持续开展创新活动。当创新创业型人才在很短时间内退出创新创业活动，则整个系统对于创新创业型人才培养的效率和效果就会大打折扣，造成整个系统资源的浪费。在开展创新创业活动的同时，一定要密切关注创新创业活动所处的动态产业环境。

创业初期，假设创业人员面临一个市场机会，其成功的概率为 ρ，创业初始需要的投资为 k，当期收回，其创业的收益为投资 k 的函数 $f(k)$，如创新创业型人才如果不采取创业方式而采取就业的话，则获得固定的工资 w，市场无风险利率 r，则创业人员采取创业的条件是：

$$\rho f(k) - w - k(1 + r) > 0$$

即创业的创业收益取决于初始投资和创业风险，当创业收益可以弥补因创业而损失的机会成本，包括就业获得的固定收入以及自有资金无风险收益。

创新创业型人才的创新创业决策要更复杂一些，除了初始投资外，创新创业型人才有智力资本投入，即创新技术投入。假设创新创业型人才的技术诀窍的市场的价值为 c，则创新创业型人才采取创新创业活动的条件是：

$$\rho f(k + c) - (w + c) - k(1 + r) > 0$$

相对于创业人员，创新创业型人才考虑会更复杂一些，除了创业收益应满足损失的工资收益和自有资金的无风险收益，还要考虑创新技术的机会成本，即创新创业人员可以将技术转让而获取固定的收益。

考虑融资情况，现实情况中，个人所拥有的资金很难满足创新创业活动的需要，往往需要从外部获得资金的支持，假设外部资金都为借贷，借贷资金为 l，贷款利息为 r_l，除了考虑由于采用创新创业损失的机会成本外，还要考虑借贷成本。同时由于智力资本投入，往往还需要一些其他额外费用如知识产权费用、技术服务费用等，这些固定的费用假设为 β，则创新创业型人才采取创新创业活动的条件是：

$$\rho f(k + c + l) - (w + c) - k(1 + r) - l r_l - \beta > 0$$

考虑持续投资的情况，当创新创业型人才持续进行创新创业活动，在当年结束后，当年的收入为 s，这时创新创业型人才就会考虑是否进行继续投资，假设创新创业型人才将全部的收入进行再投资，需要投资额为 k，则需要借贷的资金 $k-s$，其他情况不变，则创新创业型人才采取创新创业活动的条件是：

$$\rho f(k+c)-(w+c)-k(1+r)-(k-s)r_l-\beta>0$$

综合上述各种情形来看，创新创业型人才的创新创业活动取决于三个主要因素：创新创业成功的概率、创新创业资源和创新创业收益。

创新创业成功的概率取决于两个方面：一是个人层面，即创新创业型人才是如何看待风险的，取决于创新创业型人才的知识、能力和特质。二是产业层面，主要取决于产业的发展特征，对于创新创业型企业来说，要充分考虑产业的市场机会和创业成功率。

创新创业资源主要有两种：一是个人的自有资源，主要是创新创业型人才等；二是产业资源，是创新创业活动的主要来源，通常取决于产业发展的协调程度或者关联程度，即产业内有足够的资源可供创新创业型人才开展创业活动。产业的协调包括横向协调和纵向协调，纵向的协调程度指的是产业内的健康程度，从上游供应商到最终顾客的关系是否协调，具体包括创新创业型企业与供应商之间的关系，企业与下游经销商，产业内竞争是否良性等；横向协调指的是产业与其他产业之间的关系，特别是涉及与产业密切相关的行业，如与金融行业等。

创新创业收益取决于两个方面：一方面是个人层面的因素，即创新创业型人才的创新能力和经营管理能力；另一方面是产业层面，包括产业平均收益和产业平均费用，产业平均收益水平决定了该产业的整体盈利能力，同时产业平均成本会影响企业的收益，如人力成本、资金成本、技术成本等，这些因素花费越高，则企业盈利能力越弱。

从上述分析可以看出，产业层面是创新创业型人才创新创业活动外部的主要环境因素，是创新创业活动所需资源的主要来源，是创新创业过程决策的主要依据，同时也是创新创业型企业绩效的主要来源，因此创新创业型人才在产业层面的主要影响因素包括以下几个方面：

产业机会与技术趋势。任何产业都有创业机会，但是并不是所有产业都适合创新创业型人才，创新活动是创新创业型人才与其他创业人员的不同的地方，创新创业型人才应该选择技术应用的朝阳产业。产业不一定是新兴产业，也有可能是传统产业，但是从创新的角度来看，一定是技术应用具有趋势性，技术应用可以带来巨大的市场机会，消费者可以很快地接受和使用，并且在未来的一段时间里，该技术都具有一定竞争优势。在这种产业创业，创新活动可以提高创业成功概率，同时专有技术可以减少竞争威胁，在竞争中获得优势。

产业协调（资源有效）程度。产业应该具备创新创业活动所需的资源，即创新创业型人才在从事创新创业活动时，可以迅速有效获取到顾客、人才、资金、原材料、技术资源等，保证创新创业活动有效进行，从而可以有效地把握市场机会，获取收益。从创新创业型企业角度来看，产业协调包括横向协调和纵向协调。

产业获利程度。创新创业型人才从事创新创业活动的条件是从中可以获取收益并可以弥补由此损失的机会成本和所花费的费用。显然"低投入、高回报、低风险"的产业是创新创业型人才理想的产业选择，但是这种情况在实际中并不多见，更多的情形是"高风险、高回报"，因此在有较高的风险的情况下，必须有较高的预期收益，才能促使创新创业型人才进行创新创业活动。从另一个方面来说，在风险和收益既定的情况下，应选择投入小，费用少的行业，如进入退出障碍较少，生产、技术、服务等成本较低行业。

（三）教育辅助层

教育辅助层在创新创业型人才培养中主要向系统输出具备一定素质并能够在创新创业活动中不断成长为社会所需要的创新创业型人才，教育辅助层主要承担人才输出、教育培训等作用，通过结构化知识、能力和组织教育，促进智力资源转移，加速创新创业型人才的培养和发展。

相对于创新创业型人才，新进入的创业者，特别是大学生创业者，往往是不成熟的，在创新创业活动中就会面临较高的经营风险，失败的概率很高。一是创新创业活动中需要必要的知识基础，才能洞悉产业中技术趋势和技术应用情境，形成自己的智力资源和竞争优势；二是创业创新活动需要必备能力去解决创业经营中遇到的问题，如管理问题、市场问题、技术问题等，还需要将创新与创业结合。创新创业型人才具备一定特质和意识，才能具有创新创业精神，敢于尝试和面对创新创业活动中的风险。

教育支撑层是创新创业型人才的智力支撑主体，教育支撑层的主体主要有高校、科研院所、企业和社会培训机构。高校和科研机构依然是创新创业型人才最主要的主体。近年来，高校创新教育和创业教育一直是高校教育的热点，注重培养具有创新和创业知识、能力和特质的创新人才和创业人才。在创新创业之前，接受的相关教育越多，其知识储备、能力提升、特质塑造等都会促使创新创业者对创新和创业有更深的理解，其创新创业成功的可能性、创新创业的效果、创新创业的持续性以及创新创业型人才的成长就会越好。高校设置系统化的课程体系，建立完整的创新和创业知识结构，同时利用实践课程培养学生的创新创业能力，并在知识传授和实践的过程中培养创新创业意识和塑造创新创业特质。同时高校利用实验室、创业中心等方式加强与外部的联系，共同培育创新创业型人才。相比高校，科研机构一直是创新技术的重要主体，特别是在创新创业活动中，是创新创业型人才的重要来源。

一直以来，企业并不鼓励其员工进行创业活动，特别是企业核心员工，拥有特定智力资源的关键人力资源，员工创业对企业来说是一种威胁。但是随着组织制度的创新，越来越多的企业将外部化的创新创业活动内部化，以谷歌、海尔等为代表的企业利用组织创新，将员工创新创业活动作为企业持续发展的重要力量。相对于高校和科研机构，企业有着自身优势，特别是在实践中，创新创业型人才对于创新活动和创业活动有着更深的认识和理解。

（四）金融辅助层

金融辅助层并不直接参与创新创业型人才的创新创业活动，但为其创新创业活动提供资金支持服务的机构，如金融机构、风险投资公司等，包括营利性与非营利性两种机构。营利性机构主要以提供专业化金融服务为主的机构，如风险投资公司、从事商业贷款的金融企业等；而非营利性机构通常以政府为主导，是政府相关政策具体执行者，如金融机构中的专项资金、证券公司等。从创新创业型人才培养的角度来看，这些主体构成了创新创业型人才协同培养系统的资金服务支撑环境。金融辅助层的各主体能够在创新创业型人才的创新创业活动中起到降低资金的搜寻成本、交易成本、使用成本等作用，同时可以借助政府相关方面的政策支持，有效降低创新创业过程中的风险。

资金支持决定了创新创业型人才的创新活动的经济基础。创新创业活动初期以及后续经营往往需要大量的资金投入，除了产业本身资源，还需要银行、证券公司等金融机构和风投公司等非金融机构为创新创业型人才提供资金支持，同时降低因融资而发生的资金成本。一方面，这些机构会专门面向中小企业、创新项目或者创业项目提供借贷；另一方面，政府会通过这些机构，建立专项资金，向创新创业型企业提供资金支持。

（五）技术辅助层

技术辅助层主体也并不直接参与创新创业活动，但能够为创新创业型人才提供技术服务支持，如咨询服务机构、行业协会等，同样包括营利性与非营利性两种机构。营利性机构主要是以提供专业化服务为主的中介服务机构，如会计师事务所、律师事务所、技术服务机构等；而非营利性机构通常以政府为主导，是政府相关政策具体执行者，如行业协会、创业服务中心等。

创新活动是创新创业型企业的关键活动，但是创新活动涉及多个环节，如技术创新，涉及新技术研发、中试、生产工艺等环节，对于企业或者个人来说，单一主体是很难完成的。技术孵化器、技术咨询机构、科技成果交易机构、知识产权机构等技术服务机构，可为创新创业型人才提供专业化的技术服务，促进创新成果在创业中的应用，促进创业资源合理配置。

创业服务中心是创业活动较为普遍的一种方法。为了鼓励更多的创新人才进行创业，以政府为主导建立的创业服务中心（企业孵化器）已成为创新创业型人才进行创新创业活动中重要的创业服务机构。一方面，这类机构提供了大量的硬件服务，如工作场所、工作设备等，且租金相对于市场价格较低，大大降低了创新创业型人才进入市场的成本和障碍，同时与其他服务机构合作，提供技术、资金等服务；另一方面，这类机构提供了一种氛围，较多的创新创业型人才聚集到一起，更有利于创新创业型人才之间的交流和竞争，互相学习，有利于创新创业型人才成长，同时这类机构往往有时间限制，当创新创业型企业成长一段时间后便不再享受优惠，对创新创业型人才有鞭策作用。多数创业服务机构是以政府为主导的非营利性组织。近年来，以企业为主体的营利性的创业服务机构也越来越多，这类创业服务机构服务费用较高，但可以提供更多的创业服务，在时间、主体资格上并没有太多的限制。

（六）政府支撑层面

创新创业型人才协同培养系统本质上是创新创业型人才自我成长的系统，是创新创业型人才结合创新活动，利用市场机会，通过创业进入某个产业，从事创新创业活动，进而实现价值的过程，教育机构和其他中介服务机构为此过程提供服务，从而促进创新创业型人才不断成长。而政府则需为整个过程提供和塑造一个环境，通过政策鼓励和约束各主体的行为以及主体间的关系，从而更有利于创新创业型人才成长。因此在系统中，政府的行为目标在于创新创业型人才有效成长，其实施相对较为复杂，作用于各个层面的主体。

从个人层面，政府的政策可以直接作用于创新创业型人才及其企业，可以直接提供资金、技术等支持，利用税收减免、优惠等政策降低其经营费用；从产业层面来看，政府可以塑造一个有利于创新创业型人才成长的产业环境；从教育层面来看，政府鼓励将创新创业教育融入教育和实践中；从服务支撑层面来看，政府可以提供专项资金和专项政策鼓励中介服务机构向创新创业型人才提供服务。因此，从政府支撑层面来看，主要影响体现在以下几个方面：

1. 直接支持性政策。这类政策直接作用于创新创业型人才及其企业，来促进创新创业型人才成长。政府直接利用信贷、贷款计划、人才项目、创新项目、公共补贴等为创新创业活动提供资金支持；利用税收政策，通过减少税收或者减免税收来降低企业的经营成本；利用创新奖励、人才奖励等激励政策激励创新创业型人才进行创新创业活动。但从市场角度来看，这类直接作用于创新创业型人才及其企业的政策相对较少，并且应用范围窄，限制条件较多。

2. 产业规范性政策。产业是创新创业型人才进行创新活动联系最紧密的外部环境因素，一些固有的产业政策和产业行为会对创新创业活动行为产生障碍和壁垒阻碍创新创业型人才成长。如在新企业创办时，必须经过较长时间和烦琐的审批程序，创新创业型人才必须花费时间、精力和体力应付烦琐的程序，市场机会有可能会稍纵即逝，而丧失创业的最好时机，同时创新创业者由于花费大量的时间精力而丧失创新创业的积极性。因此，政府需要针对创新创业型人才创新创业活动的特点，减少或修改那些直接或间接影响创新创业型人才成长的制度，降低创新创业型人才成长所面临的风险和成本，提高创新创业型人才创新创业活动的积极性。如简化新企业创办的程序，提高工作效率，降低行政管理费用；利用公司法、反垄断法、反不当竞争法、专利保护等法律，优化产业内竞争行为，降低企业进入的竞争壁垒，保护新企业创新创业活动。

3. 创新创业教育支持政策。鼓励高校、科研机构、企业以及其他社会培训机构进行创新创业教育和实践。将创新创业教育与现行的教育体系和创新体系相结合，利用课程设计、能力培养、实践锻炼不断提高创新创业型人才的素质。政府利用专项资金和项目资金鼓励高校及其科研机构对创新创业教育进行研究和实践，如课程体系、实训体系等；对于高校及科研机构的创新创业建设提供资金和政策支持；鼓励高校及科研机构建立创新中心、创业中心为创新创业型人才提供平台；有效利用各种培训平台和资源进行创新创业教育。

4. 金融支持性政策。创业企业发展初期，资金是创新创业型企业非常关注的一个问题，而金融支持性政策也是政府支持政策中最活跃的一类政策。特别是对于高风险创新创业型企业，金融机构和风投机构往往对此都比较谨慎，需要政府相关政策来激励金融机构以及其他机构向创新创业型企业提供资金支持。政府可以建立专项创新创业基金或者面向创新创业型企业的金融机构，利用金融机构专门向创新创业型企业提供资金支持；政府可以为创新创业型企业向金融机构提供担保，降低金融机构资金借贷额风险；政府可以扩大金融机构的经营范围，允许金融机构向某些领域的创新创业型企业提供资金支持；政府利用政策支持风险投资机构的发展，更多向创新创业型企业提供资金支持。

5. 技术创业支持政策。对于多数的创新创业型人才来说，初始创业，往往都缺乏商业实践经验，政府需要考虑提供相应的技术和创业服务，促进创新创业型人才顺利成长。政府利用资金支持技术、咨询等服务机构向创新创业型企业提供管理、技术、资金等专业服务；政府通过建立创业服务中心和孵化中心，为创新创业型人才提供平台；政府充分利用高校以及科研机构，通过创业园、科学园来加强对创新创业型人才的教育和培养；利用交流会、创业论坛、专题讲座来加强创新创业型人才的沟通和交流。

四　创新创业型人才趋势

创新创业型人才的成长受到系统中多个主体行为及其关系的影响，虽然很难用确切的模型和数学公式去描述他们之间的关系，但是可以从主体行为的数据去挖掘创新创业型人才的发展趋势。

（一）个人层面与创新创业型人才趋势

个人的创新创业意愿及行为影响其最终是否选择创新创业活动，从整体创新创业意识与行为来看，呈上升趋势，但是其成长和发展的障碍也很多。以创新创业型人才主体的大学生为例。根据《2017 年中国大学生就业报告》2016 年年底，全国大学毕业生数量为 795 万人，自主创业率与去年基本持平。

如图 6-1（数据来源于 2012—2017 年中国大学生就业报告），自 2009 年以来，大学生自主创业率逐年提升，从 2009 年 1.2% 升至

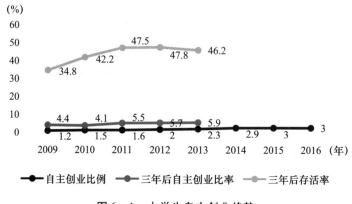

图 6-1　大学生自主创业趋势

2016 年的 3%，大约有 25 万的大学毕业生选择自主创业，但是近三年增速放缓。而已经毕业的大学毕业生，工作以后采取自主创业的比例也逐年提升，三年后采取自主创业的比例从 2009 年的 4.4% 增至 2016 年的 5.9%，即大学生在毕业以后仍然采取自主创业的意愿，但是整体比例较低。大学生自主创业存活率也呈上升趋势，三年后仍从事自主创业的比例从 34.8% 增至 46.2%，但 2016 年相对于上一年有所下降。通过大学生自主创业趋势可以看出，创新创业型人才创新创业意愿呈稳定增长趋势，整体数量呈稳定增长趋势，同时就业以后仍有相当数量的人才会采取创新创业，但是整体数量相对于就业人群比例较小；同时创新创业的存活率也稳步提升，三年后仍有相当数量的创新创业型人才从事创新创业活动；而且从事创新创业活动更趋于理性，近几年增长趋势趋于平稳而存活率稳步提升；创业存活率整体仍不高，一半以上的创业活动持续不到三年，对于风险更高的创新创业活动，其存活率会更低。结合已有的市场调查研究，产生此种趋势的原因有以下几个方面：

一是创新创业兴趣较高，但实际创新创业行为比例较低。通过对高校大学生的随机访谈发现，超过 80% 以上的学生对于创新有兴趣，甚至超过 30% 的同学非常有兴趣，而社会其他调查研究也有相似结果。也就是说，大学生虽然对于创新创业有很高的兴趣，但是并没有把创新创业作为未来发展的唯一选择，或者说大学生并没有做好充足的准备或者愿意花费较多的时间去进行创新创业活动，这对于创新创业型人才的培养是不利的。

二是创新创业动因机会性较强，但创新与创业结合不紧密，《2016年中国大学生就业报告》显示 2015 届毕业生中机会型创业者占创业总体87%，创业动因为"理想就是成为创业者""有好的创业项目"；但是报告中同时显示非"985""211"院校的大学生有更强烈的创业愿望，有创业意向的比例高出"985""211"院校学生 12 个百分点。显然作为我国未来科技创新的关键力量"985""211"院校的毕业生创新意愿并不强烈。在面对同等创业机会上，"985""211"院校的毕业生由于有更多的选择，从而创新创业活动所带来的机会成本要高于普通院校的毕业生，但是不利于创新创业型人才的培养。

三是创新创业活动受限因素较多，风险较高。2012—2016 年的中国大学生就业报告显示连续 5 年，"缺少资金""缺乏企业管理经验""市场推广困难"是导致创业失败的三大因素，而缺少资金连续 5 年排在第一位。这些因素都限制了创新创业活动，从而影响创新创业型人才的成长。

（二）产业层面与创新创业型人才趋势

不同行业的机会、技术趋势、资源程度以及获利能力不同，因而创新创业型人才在进行创新创业活动时应仔细选择具体的行业，因此从行业的创新创业活动的趋势可以发现创新创业型人才的行业选择和发展趋势。

根据《2016 年中国创业风险投资发展报告》，截至 2015 年，机构当年投资项目数达到 3423 项，总投资金额为 465.6 亿元，比 2014年增加 24.4%，项目平均投资额为 1360 万元。高新技术企业投资项目 820 项，比 2014 年增加 19.0%，投资金额为 117.2 亿元，较上年略有减少，项目平均投资额为 1429 万元。

从行业投资额分布来看，从 2005 年至 2015 年，创业风险投资行业分布有明显不同，即在不同时期，经济和技术热点并不相同，市场机会并不相同，创业风险投资行业的投入风险金额也不尽相同，整体来看软件行业、传统制造业、金融保险业、其他行业创业风险投资金额较大。

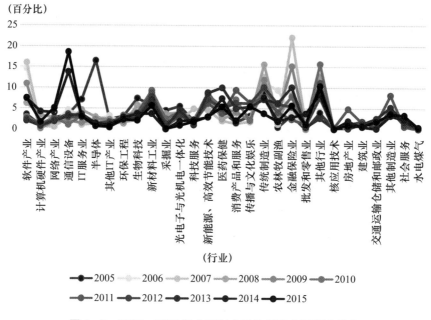

图 6 - 2　2005—2015 年中国创业风险投资金额行业分布

自 2013 年至 2015 年（图 6 - 3），中国创业风险投资资金主要集中在通信设备、新材料工业、医药保健、传统制造业、金融保险业、软件产业、其他行业，而且从传统行业向网络产业、通信设备、新能源、医药保健等技术趋势明显的行业转移十分明显。

从行业投资项目数量分布来看，从 2005 年至 2015 年，同创业风险投资金额分布相似，创业风险投资项目数量行业分布有明显不同，即在不同时期，经济和技术热点并不相同，市场机会并不相同，创业风险投资行业的投资项目也不尽相同。

（百分比）

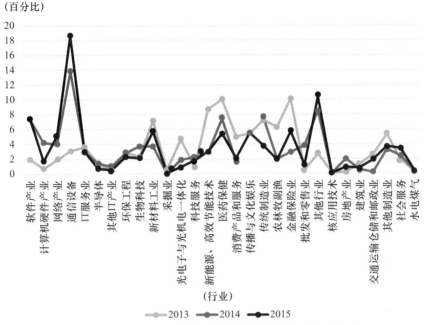

图 6 - 3　2013—2015 年中国创业风险投资金额行业分布

（百分比）

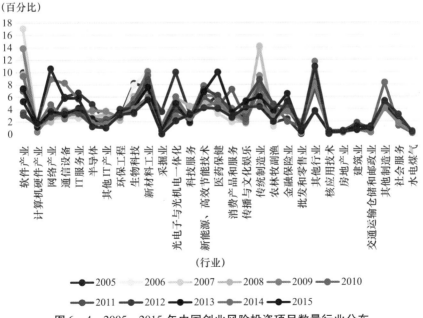

图 6 - 4　2005—2015 年中国创业风险投资项目数量行业分布

自 2013 年至 2015 年（如图 6 -5），中国创业风险投资资金主要集中在软件产业、网络产业、新材料工业、医药保健、传统制造业、金融保险业、其他行业，显然，传统行业投资项目数量比重逐年降低，而网络产业、通信设备、新能源、医药保健等技术趋势明显的行业投资项目比重越来越高。

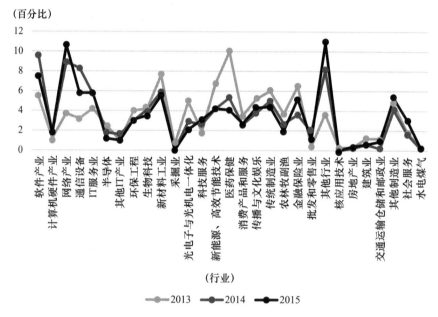

图 6 -5　2013—2015 年中国创业风险投资项目数量行业分布

利用 Moore 结构值分析中国创业风险投资金额和项目数量行业分布结构变化（如图 6 -6），可以发现中国创业风险投资金额和项目数量行业分布结构变化趋势基本一致，但是创业风险项目数量行业分布的结构变化明显比创业风险投资金额行业分布的结构变化要剧烈得多，也就是说，创业风险投资金额的行业分布变化相对项目数量的行业分布变化较小，由于传统行业相对比较成熟，行业进入和退出壁垒相对较高，同时新技术应用成本也较高，通常需要较高的资金投入，因而结构变化相对较小。而软件开发、网络技术等，资金投入相对较

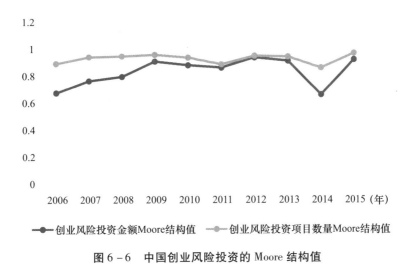

图 6 - 6　中国创业风险投资的 Moore 结构值

　　低，而技术壁垒相对较低，因此投资项目较多，创业风险投资的项目数量的行业分布结构变化较大。

　　中国创业风险投资的平均强度也印证了这一点，自 2011 年，创业风险平均投资强度达到最高点以后，近几年平均投资强度持续下降，而创业风险投资金额和投资项目每年都持续增加，表明项目平均投资金额逐渐下降，即最近几年投资热度相对较高的行业，其资金投入需求相对较小，逐年下降，而传统行业创业风险投资平均投资强度相对较大，但投资项目数量呈"轻量化"趋势，比较适合创新创业型人才进行创新创业活动。

　　除了相关统计报告和统计数据，相关创业投资平台的投资活动也从侧面说明了近期创业活动的热点领域和发展趋势，根据投中网近 5 年投资领域的统计分析可以发现（如图 6 - 8），移动互联、工具软件、环保能源、智能硬件、金融等近几年投资金额较多，而传统行业房地产、建筑建材、农林牧渔等与技术趋势或者技术应用相对较远，投资热度不强。

　　而从投资项目数量来看（如图 6 - 9），也得到类似结果，信息技术等投资项目数量每年递增，增长趋势十分明显，而传统行业投资项目数量下降趋势也十分明显。《2016 年中国大学生就业报告》也提出了互联网服务业、教育和培训行业、虚拟现实与增强现实、健康管理行业、泛娱乐行业等是未来具有重大创新机遇的领域或者行业。

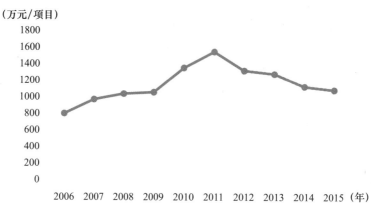

图 6-7　中国创业风险投资平均投资强度

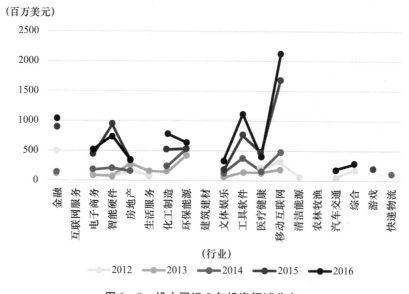

图 6-8　投中网近 5 年投资领域分布

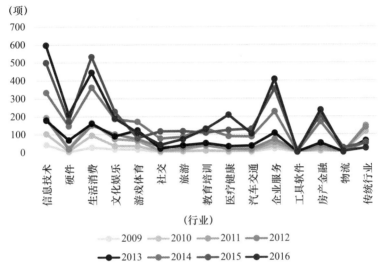

图6-9　新芽创业服务平台创业投资项目数量分布

综合来看，创新创业型人才更倾向于投资金额较小、市场前景大、技术趋势明显而相关创业资源较丰富的行业或者领域。个人层面和产业层面是创新创业型人才成长的核心，如何为创新创业型人才提供持续成长的环境，是教育、中介服务机构、金融机构和政府等主体所要面对的问题。

第二节　创新创业型人才协同创新培养系统运行效率评价

创新创业型人才协同培养系统是创新创业型人才自我成长的系统，即是以创新创业型人才为主体，在具体的产业情境中进行创新创业活动并取得绩效，在此过程中，高校、金融机构、中介服务机构、政府等主体为其创新创业活动提供必要的服务和支撑，从而创新创业型人才不断成长。因此，在明晰创新创业型人才培养系统的构成主体及其影响因素的基础上，进一步构建创新创业型人才培养系统的评价指标体系，从而对创新创业型人才培养的系统进行综合性的审视和评估。

一 评价指标体系原则

创新创业型人才协同培养系统的评价指标体系一方面反映了系统各主体的状态和行为程度；另一方面利用指标间的内在逻辑可以发现系统各主体间的关联程度。因此，建立创新创业型人才协同培养指标体系要遵循一定的原则来体现指标体系间的构建思路和内在逻辑联系。

（一）目标原则

创新创业型人才协同培养系统的目标是创新创业型人才自我成长，因此评价指标体系的构建都应以此为目标。为创新创业型人才培养而服务，是评价创新创业型人才协同培养系统绩效的依据，可以通过综合评价，系统反映创新创业型人才培养效率与效果，找出培养瓶颈所在，给出相应对策建议，从而促使创新创业型人才不断成长。

（二）系统原则

在目标的基础上，指标体系应能系统全面地反映系统内各主体的基本状况和程度，指标之间的联系可以反映系统主体间的关系和逻辑。因此，指标应尽可能反映系统主体的关键行为和绩效状态，同时反映系统主体间逻辑关系的紧密程度，可以系统评估系统内各主体以及系统整体对于目标的影响程度。

（三）定性与定量相结合的原则

创新创业型人才协同培养是一个比较复杂的系统，指标体系相对较为复杂。首先，有些问题难以量化，需要用定性化的指标来进行描述和度量；其次，某些问题很难用单一指标来衡量，需要借助多个指标来综合衡量，需要定性化的思想去综合；最后，很多指标可以量化，但是在实际中很难获取确切的实际数据，需要用定性化的思想去进行描述和获取数据。

（四）经济性原则

虽然创新创业型人才协同培养系统比较复杂，但是从可行性角度，指标体系的构建应该相对简单。一方面指标应相对简洁，应用较少的关键性指标来描述关键性的问题；另一方面指标应该表达清楚，在描述和理解上没有歧义，可以准确表达该指标所描述和测量的内容。

二　指标体系构建

从创新创业型人才协同培养系统主体层次来看，主要包括个人层面和产业层面为主体的核心层，以教育机构和金融、科技机构为主体的服务层，以政府为主体的支撑层。各个主体行为直接作用于创新创业型人才培养或者为创新创业型人才培养创造环境，并且各个主体围绕创新创业型人才培养相互联系在一起。因此评估整个系统，一方面，需要从整个系统出发去度量和分析创新创业型人才培养的效果；另一方面，需要度量各个主体行为状态和程度了解和分析各个主体，从而进一步发现各个主体与整个系统间的关联。因此，从系统主体的角度，创新创业型人才协同培养系统应该包括以下几个方面：

（一）个人层面

创新创业型人才及其创新创业型企业是该层面的主要主体，个人层面的评估直接反映了创新创业型人才协同培养系统绩效，即系统目标实现程度。创新创业型人才及其创新创业型人才的绩效直接反映了系统内各主体的交互行为的有效性。创新创业型人才及其创新创业型企业绩效包括以下两个方面：

一是客观方面的指标，直接表现为创新创业型人才及其企业实际的结果性指标，即创新创业型人才协同培养系统最终结果性指标，主要包括以下几个指标：

1. 创新创业型人才数量。协同培养系统在创新创业型人才培养数量上的结果，人才数量规模越大，表明协同培养系统培养效果越好。

2. 创新创业型企业数量。创新创业型人才实际创新创业活动变量，创新创业型企业越多，表明协同培养系统人才培养转化效果越好。

3. 创新创业型企业存活率。创新创业型人才成长性指标，存活率越高，表明创新创业型人才其创新创业能力越强，其成长性越强，系统对于创新创业型人才培养效果越好，通常以三年、五年存活率为评价指标。

4. 创新创业型企业盈利。创新创业型人才创新创业活动结果性指标，盈利越多，表明其创新创业活动市场盈利能力越强，竞争力越强，系统资源投入效果越好。

5. 创新创业型企业专利数量及创新活动。创新创业型人才及其企业的创新能力指标，专利数量是创新能力的反映形式，创新活动是创新创业型人才及其企业活动的基本特征。

二是主观方面的指标，创新创业型人才协同培养系统能促进创新创业型人才在创新创业活动中持续成长，但是客观性指标往往只能反映协同培养系统某一方面，并不能综合反映创新创业型人才成长性，因此需要借助于主观评价指标来综合反映协同培养系统的效果。创新创业型人才成长最终反映在创新创业型人才知识、能力和特质等方面的提升。具体包括：

1. 创新创业意识评价。从事创新创业活动理想和愿望，决定了创新创业动机和创新行为的选择，意识越强，其从事创新创业活动的可能性就越大。

2. 创新创业知识评价。从事创新创业活动的基础，除了教育、培训等直接获取的知识外，还包括通过工作、经验等知识积累，创新创业知识积累越多，结构越合理，其创新创业科学性越强。

3. 创新创业能力评价。在实际创新创业活动中解决实际问题的能力，是创新创业型人才成长的关键性指标，创新创业能力越强，其创新创业绩效越高。

4. 创新创业精神评价。创新创业精神属于创新创业型人才特质性指标，反映了创新创业型人才的抗压以及抗风险能力，创新创业精神越强，越敢于面对困难和风险，其创新创业持续性越强。

（二）产业层面

在创新创业型人才创新创业活动中，顾客、供应商、竞争者等主体构成了其产业环境，是创新创业型企业在该领域或者行业中所面临的各种影响因素，这些因素直接决定了创新创业活动的经营环境。一方面，市场是创新创业型企业存在的理由，是创新创业型人才进行创新创业活动的理由。另一方面，产业或者行业环境为创新创业活动提供相关的资源和条件。由于行业中的主体众多，很难从单一主体进行衡量，应从整体进行描述和度量。同样，产业层面也分客观性指标和主观性指标。

一是客观性指标，从创新创业活动来说，行业的相关指标主要反映了创新创业活动的行业前景以及资源的可获取性，特别是资金的可获取性，主要有以下指标：

1. 行业中创业企业增长率：反映行业对创业企业的吸引力，企业增长率越高，反映近期行业机会越好，吸引创新创业型人才的能力越强。

2. 行业平均盈利能力：盈利能力越强，企业生存能力越强。

3. 行业企业平均寿命：反映行业中企业平均生存能力，平均寿命越长，其经营持续性越强。

4. 科技投入占比/科技人员占比：反映行业科技趋势，占比越高的越容易吸引创新创业型人才。

5. 行业创业风险投资资金规模：反映行业资金可获取性。

6. 行业创业风险投资项目数量：反映行业资金可获取性，但需与行业创业风险投资规模结合来看。

二是主观性指标，是相关主体对于行业是否适合创新创业活动总的看法，主要包括以下几个指标：

1. 行业创业前景：反映市场等是否适合创业活动。

2. 行业技术趋势：反映行业是否适合创新活动。

3. 行业资源评价：反映行业是否具备创新创业活动所需资源。

4. 行业壁垒评价：反映行业进入和退出壁垒情况，反映市场风险情况。

（三）教育服务层

教育服务层为创新创业型人才提供教育服务，为社会不断输送创新创业型人才，同时也是创新创业型人才不断完善自身知识和能力的重要场所，大学和科研机构是教育服务层的重要主体，同时还包括部分企业和社会培训机构，其指标也包括客观性指标和主观性指标。

一是客观性指标，是教育服务层主体的总体现状和对创新创业型人才教育服务的程度，主要有以下几个指标：

1. 从事创新教育和创业教育的高校及科研机构数量：反映从事创新创业教育的整体规模。

2. 在校生创新教育和创业教育比例：反映创新创业型人才整体规模。

3. 创业教育和创新教育时间占比：反映接受创新创业教育程度，包括理论、实践和实训时间。

4. 创业教育和创新教育研究占比：反映创新创业教育发展程度。

5. 高校及科研机构中创业服务机构数：反映创新创业教育服务程度。

二是主观性指标，是教育服务层对于创新创业型人才教育服务的整体评价，不仅限于高校及科研机构，还包括企业及其他社会培训机构，主要包括以下指标：

1. 创新创业教育能力：整体评价创新创业教育主体塑造创新创业型人才的能力。

2. 创新创业教育服务支持程度：整体评价创新创业教育主体教育服务效率。

3. 创新创业教育服务效果：整体评价创新创业教育主体服务绩效。

4. 创新创业教育完善程度：整体评价创新创业教育主体发展程度。

（四）金融服务层

金融服务层为创新创业型人才的创新创业活动提供资金服务，是创新创业型企业重要的外部资金来源。金融服务层主体包括金融机构和非金融机构。金融机构主要是由创新创业型人才提供资金支持的银行、证券公司等组成；非金融机构主要是由风险投资公司组成。评价指标也包括客观性指标和主观性指标。

一是客观性指标，是金融服务层主体的总体现状和对创新创业型人才金融服务的程度：

1. 提供创新创业资金的金融和风险投资机构的数量：反映创新创业金融服务的整体规模。

2. 金融和风险机构提供创新创业资金的规模：反映了金融服务层资金支持规模。

3. 金融和风险机构资助创新创业项目的数量：反映了金融服务层资金支持范围。

4. 创新创业型人才/企业融资费用：反映了金融服务支持的成本。

二是主观性指标，是各主体整体评价金融服务层对于创新创业型人才资金支持，主要包括以下指标：

1. 资金支持意愿：整体评价金融服务主体愿意提供资金的程度。

2. 资金支持能力：整体金融服务主体的可供资金的规模和程度。

3. 资金支持服务效率：整体评价因获取资金支持所花费金钱、时间等成本。

4. 金融服务层完善程度：整体评价金融服务层主体发展程度，是否符合创新创业型人才的需要。

（五）技术服务层

技术服务层是为创新创业型人才的创新创业活动提供技术咨询、技术评估、法律服务等技术相关服务，是由提供技术中介服务的技术服务机构组成，同样也包括客观性评价指标和主观性评价指标。

一是客观性评价指标，指技术服务层主体的总体现状和对创新创业型人才技术服务的程度，主要包括以下指标：

1. 技术中介服务机构的数量：反映为创新创业型人才提供服务的整体规模。

2. 技术中介服务机构服务项目数量：反映为创新创业型人才提供技术服务的程度和范围。

3. 平均技术服务费用：反映创新创业活动技术服务成本，反映技术服务效率。

4. 创新创业平台数量：反映为创新创业活动提供综合性服务的程度。

二是主观性指标，指各主体整体评价技术服务层对于创新创业型人才技术支持，主要包括以下指标：

1. 技术服务意愿：整体评价技术服务主体愿意向创新创业活动提供技术服务的程度。

2. 技术服务能力：整体技术服务主体可解决技术问题的范围和程度。

3. 技术服务效率：整体评价因获取技术支持所花费金钱、时间等成本。

4. 技术服务层完善程度：整体评价技术服务层主体发展程度，是否符合创新创业型人才的需要。

（六）政府支撑层

在创新创业型人才协同培养系统中，政府作为非营利性组织，利用政策等其他措施为创新创业型人才的创新创业活动创造环境。政府的行为可以直接或者间接作用于系统内的各个主体，扮演着非常重要的角色。评价指标也包括客观性指标和主观性指标。

一是客观性指标，是政府利用政策等措施对于创新创业型人才的创新创业活动的直接或者间接的行为现状和程度，主要包括以下指标：

1. 创新创业资金支持金额：反映政府对于创新创业活动的资金支持程度。

2. 创新创业税收优惠金额：反映政府对于创新创业活动成本的支持程度。

3. 创新创业项目资助数量：反映政府对于创新创业活动支持的范围。

4. 知识产权保护数量：反映政府对于技术创新保护的程度。

二是主观性指标，指各主体整体评价政府对于创新创业型人才的支持，主要包括以下指标：

1. 政府支持程度：整体评价政府对于各主体的支持的现状。

2. 政府行政管理水平：整体评价针对于各主体管理的现状。

3. 政府行政管理效率：整体评价因政府管理节省的成本支出。

4. 相关政策完善程度：整体评价政策是否符合各主体的需求。

（七）指标体系

综合上面所述，可以得到创新创业型人才协同创新系统指标体系，包括客观性指标体系（如表6-1）和主观性指标体系（如表6-2）。

表6-1　　　创新创业型人才协同创新系统客观性指标体系

	一级指标	二级指标
协同培养	个人因素	创新创业型人才数量
		创新创业型企业数量
		创新创业型企业存活率
		创新创业型企业盈利
		创新创业型人才或者企业专利数量
	行业因素	行业中创业企业增长率
		行业平均盈利能力
		科技投入占比/科技人员占比
		行业创业风险投资资金规模
		行业创业风险投资项目数量
		行业企业平均寿命

续表

	一级指标	二级指标
协同培养	教育服务	从事创新教育和创业教育的高校及科研机构数量
		在校生创新教育和创业教育比例
		创业教育和创新教育时间占比
		创业教育和创新教育研究占比
		高校及科研机构中创业服务机构数
	金融服务	提供创新创业资金的金融和风险投资机构的数量
		金融和风险机构提供创新创业资金的规模
		金融机构和风险机构资助创新创业项目的数量
		创新创业型人才/企业融资费用
	技术服务	技术中介服务机构的数量
		技术中介服务机构服务项目数量
		平均技术服务费用
		创新创业平台数量
	政府支撑	创新创业资金支持金额
		创新创业税收优惠金额
		创新创业项目资助数量
		知识产权保护数量

表 6 – 2   **创新创业型人才协同创新系统主观性指标体系**

	一级指标	二级指标
协同培养	个人因素	创新创业意识评价
		创新创业知识评价
		创新创业能力评价
		创新创业精神评价
	行业因素	行业创业前景
		行业技术趋势
		行业资源评价
		行业壁垒评价

续表

	一级指标	二级指标
协同培养	教育服务	创新创业教育能力
		创新创业教育服务支持程度
		创新创业教育服务效果
		创新创业教育完善程度
	金融服务	资金支持意愿
		资金支持能力
		资金支持服务效率
		金融服务层完善程度
	技术服务	技术服务意愿
		技术服务能力
		技术服务效率
		技术服务层完善程度
	政府支撑	政府支持程度
		政府行政管理水平
		政府行政管理效率
		相关政策完善程度

三　评价方法

(一) 指标权重确定

利用层次分析法确定指标体系中各指标权重。根据评价决策的内容和指标体系的结构，将指标体系层次化，将创新创业型人才协同培养作为目标层，将一级指标作为准则层，将二级指标作为措施层，构建三阶层次结构，下级层次以上级层次为目标。

以上级层次为目标，下级隶属指标两两比较，构建比较矩阵。下级隶属指标依据对上一级指标的重要程度，两两进行比较，判断两个指标对于上一级指标的实现的重要程度，并对于重要程度进行赋值。多个专家进行打分时，取多个专家打分平均值，最终形成判断矩阵。

利用特征根法、和法等方法进行计算，求出隶属指标对上一级指标的权重，然后利用一致性检验模型是否合理，判断矩阵是否存在判断逻辑错误。

（二）客观性指标体系综合评价

从创新创业型人才协同培养系统客观性指标体系来看，每个指标都有明确的统计数据或者计量数据，数据具有可获取性，指标相对客观，但是在选取方法上应该注意以下几个方面：一是指标体系是由多个指标组成，因此需选用合适的综合评价方法来进行评价；二是指标量纲不一致，需要进行无量纲化处理，但是同时要减少信息的损失；三是方法应当可行，具有可比性，包括横向比较和纵向比较，因此要相对简单，避免由于复杂的方法带来的应用情境的局限性。

针对上述特点，本部分选取功效系数法进行综合评价，该方法满足上面三点需要：一是功效系数法是综合评价方法，可以选取不同的标准值，尽量利用指标中所包含的信息；二是功效系数法本身就是去量纲化的一种方法，可以避免不同量纲间无法比较；三是功效系数法计算比较简单，方法灵活，可以使用不同情境下的横向和纵向的比较。

在收集指标数据的基础上应用功效系数法，应首先确定标准值，标准值的设定应根据具体的问题需要来选择，常用的标准值的设定主要有平均值和理想值两种方法。平均值是根据历史数据来确定，通常在比较某一时期的状态与平均状态时适合应用此方法。理想值是根据理想的状态或者目标状态设定标准值，通常需要观察某一时期状态与理想状态或者目标状态的差异时适合应用此方法。

在设定标准值的基础上，计算功效值。正向功效值 =（指标值 - 设定标准值）/（指标最大值 - 设定标准值），负向功效系数 =（指标值 - 设定标准值）/（指标最小值 - 设定标准值），指标的最大值和最小值设定依横向比较或者纵向比较设定，横向比较时，选取不同行业中的指标最大值或最小值，而纵向比较时，选取不同时期中的指标最大值或最小值。

最后，结合上面层次分析法计算的各指标的权重，利用加权汇总法计算指标体系综合值，作为创新创业型人才协同培养系统的综合评价。

（三）主观性指标体系综合评价

创新创业型人才协同培养系统的主观性指标体系综合评价是对客观性指标体系的有效补充，主观性指标多以主体主观判断为主，主要采用360度综合评价和模糊评价法进行综合评价。

360度综合评价是指所有相关联的主体都是被评价主体的评价者，如个人层面的评价，其评价主体包括自己，也包括行业主体、教育机构、金融机构、技术服务机构和政府，不同主体从各自角度看待同一个问题，通过将不同主体的指标判断综合分析，得到该主体评价。

模糊综合评价是通过隶属度的概念将主观性评价指标进行量化，然后利用模糊计算将各指标进行综合。被评价主体的评价指标构成了被评价主体的指标论域，设定评价指标评价等级程度，形成评论等级论域。利用隶属度形成了模糊关系矩阵，描述每个指标在不同评价等级上的隶属程度。结合上面的层次分析法得到各个指标的权重，选取模糊运算法则，得到整体模糊评价。

（四）评价体系的应用

客观性评价指标是利用创新创业型人才在创新创业活动中在某些方面的实际状态或者行为进行评价，由于数据来源于实际，因此指标体系相对客观，可以较为准确地反映协同系统的各个主体的状态和系统的整体状态。同时利用功效系数法，可以根据需要选取标准值，可以进行横向和纵向比较，可以发现不同行业、不同时期系统运行的状态，进而挖掘更多的信息。但是客观性评价指标体系也有无法克服的缺点，数据往往具有局限性，只能反映被评价主体在某一点的状态，而指标的选取是否可以综合评价主体仍然需要验证，而且结果特别容易受到异常值的影响。

主观性评价指标是利用评价人对被评价主体的整体主观判断，缺点是主观性太强，不能客观地反映被评价主体的实际状态。但是主观性评价指标体系是客观性评价指标体系的有力补充：一是主观性评价指标更为直接，直接对被评价主体具体某一方面的评价，当评测中具有较高的专业知识和经验时，便具有较高的可信度；二是主观性评价指标体系可以发现不同主体在同一问题评价时的差异，更能挖掘有利的信息。

客观性评价指标和主观性评价指标综合应用，针对两种指标体系优缺点，在最终评价结果上，综合两种指标体系评价结果，可以挖掘更多的信息。如可以利用客观性评价和主观性评价构建四方图，形成四种态势：

1. 高客观性评价和高主观性评价：说明无论是从系统的状态还是主体的评价，系统处于一个良性状态，非常有利于创新创业型人才的培养。

2. 高客观性评价和低主观性评价：从数据上来看，系统状态良好，但是从主体的主观评价存在问题，一方面可能是异常数据影响，但从主体整体感受来看，系统存在很多的问题；另一方面主体主观判断存在异常，部分主体整体感受较差，从而影响了系统的整体评价。

3. 低客观性评价和高主观性评价：往往处于创新创业的初期，主体对于系统的运行评价较好，但还需要时间的积累。

4. 低客观性评价和低主观性评价：证明系统中存在很大问题，不利于创新创业型人才的成长。

第三节　创新创业型人才协同创新培养系统反馈和演化机制的系统动力学分析

一　创新创业型人才协同培养系统结构

对于创新型人才协同培养系统培养创新创业型人才，包括内外两个层面：一是内部层面，创新创业型人才及其企业在创新创业活动中不断成长，受到创新创业型人才个人因素的影响，包括知识、能力、特质等，在具体的创新创业活动中表现为创新创业的绩效、持续创新、存活率等。一方面从静态的角度来看，考虑创新创业型人才及其创新创业型企业的状态，是否符合创新创业型人才的要求，企业是否符合生存和发展的要求；另一方面从动态的角度来看，考虑创新创业型人才及其企业持续成长，包括创新创业型人才知识经验积累、能力提升、QWSX 特质固化，创新创业型企业规模增大、创新活动增多和盈利能力增强。二是外部层面，即创新创业型人才及其企业的外部环境，表现为机会和威胁，即有利于创新创业型人才成长还是阻碍其成长。一方面从静态的角度来讲，是某一时空下外部环境的状态，如产业或行业特征是否有利于创新创业型企业成长，资金支持是否满足企业的需要，技术服务支撑是否及时合理等；另一方面从动态的角度来讲，是创新创业环境的变化，这种变化会对创新创业型人才及其企业带来影响，如行业竞争对手增多，政策的变化等。因此对于创新创业型人才协同培养系统来说，只是静态地评价协同培养系统是不够的，还需进一步探析创新创业型人才协同培养系统动态活动规律。

创新创业型人才协同培养系统分析就是将创新创业型人才培养的相关主体及其关联看作一个系统，将创新创业型人才及其企业成长和外部主体行为有效运行联系起来，作为一个不可分割的整体，从而对创新创业型人才协同培养系统有效运行进行系统分析，发现其内在关联及其相互作用。

从系统目标来看，创新创业型人才协同培养系统促进创新创业型人才持续自我成长。随着各种就业观念的变化，越来越多的人开始从事创业事业，既包括刚毕业的大中专学生，也包括已经有工作经验的从业人员，在面对市场机遇时，具有创业意识的群体就会对创业需求越来越强烈。具有创新精神的创新人才，在原有的体系下很难发挥自己创新成果的价值，需要用创业的方式来将创新成果转化为真正的价值，对创业需求也越来越强烈。同时社会经济的发展需要更多的中小企业从事创新活动，缓解就业压力，是经济发展重要的补充和动力，对于创新创业型人才的需求也越来越强烈。创新创业型人才协同培养系统就是要向社会提供和培育创新创业型人才满足各方面的需求。同时在创新创业活动快速发展时期，要防止盲目创业所带来的失衡。在创业冲动和利益的驱使下，创新创业活动中出现了很多的非理性行为，大量的创业者在自身素质还没有达到创业者的基本素质，盲目跟从市场机遇，创业资源估计不足，造成创新创业活动失败，创新创业型企业存活率不高，造成社会资源浪费，严重损害了其他创业人员的创业意愿，同时也影响了金融机构、教育机构、技术服务机构对于初创企业的服务支持意愿和程度，进一步损害其他创新创业人员的资源获取。

从系统的主体来看，创新创业型人才协同培养系统涉及多个主体的协同活动。创新创业型人才及其创新创业型企业是系统的核心，行业中的顾客、供应商、竞争者等主体形成创新创业的行业环境，教育与科研机构为创新创业型人才提供智力支持，金融与风险投资机构为其提供资金支持，技术服务机构为其提供技术服务，而政府通过政策来协调各方的主体的行为。这些主体共同协作，促进创新创业型人才成长。所以系统运行就会受到各个主体行为的影响，如果各个主体都是理性的决策者，遵循经济发展的规律，则整个系统处于有效运行状态，既有利于创新创业型人才的成长，同时满足各主体的利益。但是在现实环境中，并非所有主体都是理性的，这时非理性行为就会对系统的运行产生危害。

从系统功能来看，创新创业型人才协同培养系统是由多个主体组成的系统，各个主体在系统中的功能各不相同，各功能相互影响、相互联系，构成了系统的主体结构，共同为系统目标而服务。创新创业型人才协同培养系统的目标是由系统中的各个主体的功能来完成。包括创新创业型人才的创新创业活动，行业主体的行业活动，教育主体的教育活动，金融主体的资金活动，技术服务主体的技术活动和政府的政策活动等，这些活动共同作用于系统。因此在整个系统运行中，需要这些功能来完成并不断调整以更有利于系统的有效运行。

通过上面的分析，我们可以得到创新型人才协同培养系统结构（如图 6 - 10），具体来看：

综合来看，从创新创业型人才协同培养系统结构来看，具体包括以下三个方面：

首先，创新创业型人才协同培养系统实现创新创业型人才在具体的行业环境中不断开展创新创业活动而持续成长的过程。一方面促进创新创业活动高效有序进行，另一方面促进创新创业型人才不断成

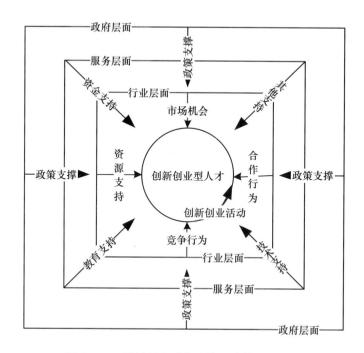

图 6-10　创新创业型人才协同培养系统结构

长，二者有机联系在一起。而系统中的各个主体及其行为，相互联系、相互作用，都是为此目标而服务的。

其次，创新创业型人才协同培养系统是由多个主体共同作用，各个主体相互联系、相互影响，并处于不同层次，从创新创业型人才成长出发，包括创新创业型人才及其企业、行业主体、服务主体（教育、金融、技术）和政府，这些主体的行为决定了系统的功能和结构。

最后，各个主体及其行为职能构成系统的主要功能，形成了系统的各个子系统，子系统具体的职能是由子系统中的主体来完成的，各个子系统功能不同，但相互联系相互协调共同促进创新创业型人才成长。具体包括自我成长子系统、教育服务子系统、金融服务子系统、技术服务子系统、政策支撑子系统。

二 创新创业型人才协同培养系统动力学分析

(一) 自我成长子系统分析

创新创业型人才成长过程是创新创业系统的核心,是创新创业型人才在创新创业活动中不断成长的过程 (如图6-11)。创新创业型人才来源于创新创业意愿,面对市场机会,当意愿足够强烈时,就会产生创新创业行为,建立创新创业型企业,同时创新创业型人才会结合自身的创新创业素质,包括创新创业知识、能力和特质,去经营决策,在创新创业活动中获得创新创业绩效。当创新创业绩效达到或超过创新创业型人才期望时,就会继续提升创新创业意愿,同时更有意愿去提升自己的创新创业素质,从而不断提升创新创业绩效,形成良性循环不断成长。反之,当绩效达不到创新创业型人才期望时,创新创业绩效会降低创新创业意愿,从而退出创新创业活动。

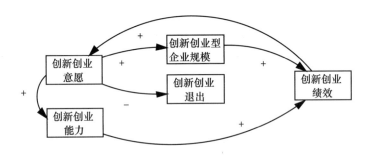

图6-11 创新创业型人才个人自我成长

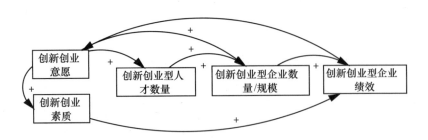

图6-12 创新创业型人才群体自我成长

创新创业型人才个人自我成长过程描述了单个创新创业型人才成长过程，从创新创业型人才整体来看，人才的创新创业意愿决定了创新创业型人才的整体数量，而创新人才的数量和创新创业意愿决定了创新创业型企业的数量和规模，而创新创业型企业数量和创新创业型人才的素质又决定了企业的绩效。当绩效达到或超过创新创业型人才期望时，就会增加创新创业意愿，从而促使越来越多的人才进入创新创业活动，或者增加创新创业型企业的规模。反之，当绩效未达到创新创业型人才期望时，就会减少创新创业意愿，导致创新创业型人才退出创新创业活动，从而使创新创业型人才数量减少。

行业环境是创新创业型人才及其企业成长最直接的外部环境，所以对于行业中的任何企业而言，特别是新创建的企业，行业环境都是影响其成败的关键因素。在创新创业型人才培养系统中，行业环境是创新创业型人才成长的关键因素，市场的大小、顾客的需求、供应商的规模、竞争或者合作的程度决定了创新创业型人才及其企业的创新创业意愿和创新创业绩效。与系统内其他主体不同，行业层面的主体较多，包括顾客、供应商、竞争者、合作者等，这些主体的行为影响着创新创业型人才成长，对于创新创业型人才及其企业成长来说既有机会又有威胁，通常需要系统内其他的主体的行为去影响和规范行业各主体的行为，从而塑造适合创新创业型人才成长的环境。因此，在行业中，相关主体的行为会影响创新创业型人才自我成长过程。

如图6-13所示，在具体行业中，创新创业型人才的创新创业活动受到行业中三个主要因素的影响，具体包括行业前景、行业资源和行业成本，是行业主体行为的综合反映。行业前景主要是市场机会，通常是由顾客和行业进入退出障碍所决定。当行业前景较好时，又与创新创业型企业技术优势一致，人才就有较强的意愿从事创新创业活动，进而成长为创新创业型人才，成立企业，进行经营活动最终获得绩效。而在创新创业型企业经营过程中，需要从行业中获取资源，提供产品和服务，资源的可获取性直接决定了企业是否能正常运营，最终表现为增加了企业的经营成本，同时创新创业型企业经营过程中还需要其他的费用，最终影响企业的绩效。

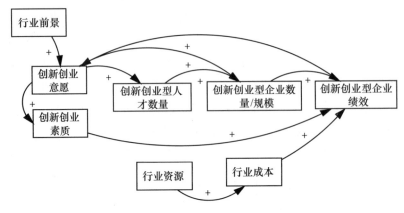

图 6-13　行业背景下的创新创业型人才自我成长

（二）教育服务子系统分析

教育服务子系统主体是由高校、科研机构、部分企业及其他社会培训机构组成，其职能向创新创业型企业提供基础人才和提供教育服务。一方面高校等主体利用创新教育和创业教育培养向社会输出人才；另一方面高校等主体通过教育等方式向创新创业型人才传输知识，提高创新创业型人才的知识、能力和特质。

如图 6-14 所示，高校、科研机构等主体的数量决定了接受创新创业教育的人才的数量，而这些人才具备创新意愿时就会成为创新创业型人才开展创新创业活动；同时高校、科研机构等主体教育服务水平决定了创新创业型人才的素质，服务水平越高，创新创业型人才的知识、能力、特质越强，最终提升创新创业型企业的绩效。

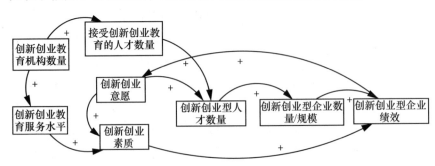

图 6-14　教育服务下的创新创业型人才自我成长

（三）金融服务子系统分析

资金是创新创业型人才培养的重要资源。金融服务子系统是由银行、金融机构和风险投资公司等非金融机构组成，其职能是为创新创业型人才的创新创业活动提供资金支持和服务。对于创新创业成长来说，金融服务子系统的职能主要体现在两方面：一是提供创新创业型人才所需的资金；二是减少因获取资金而支出的成本。

在金融服务子系统里（如图 6 - 15），金融企业、风险投资企业等为创新创业型人才提供资金服务。一方面银行、风险投资企业等机构的数量决定了其可投入某行业的资金量。当可投入资金量越多，创新创业型人才的意愿就会越强烈。另一方面银行、风险投资企业等机构实际投入资金数量，提供了创新创业活动所需的资金，大大降低了创新创业型企业因获取这些资金而额外付出的成本，提高了创新创业型企业的绩效，因此增强了创新创业型人才的意愿而持续经营，使其在创新创业活动中不断成长。

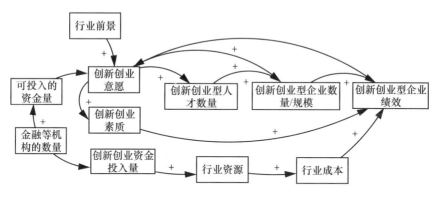

图 6 - 15   金融服务下的创新创业型人才自我成长

（四）技术服务子系统分析

创新活动是创新创业型人才及其企业的关键互动。随着创新活动日趋复杂，单一主体的创新活动很难适应现代创新活动组织形式及其运作方式，创新创业型人才需要借助大量的技术服务支持来进行创新活动。一方面，创新创业型人才需要借助技术服务机构，了解行业技术发展状况、创新技术应用的可能性以及创新技术转化所需其他的技术资源，保证在创新创业活动中能够快速并顺利将创新技术应用到创新活动中；另一方面，创新创业型人才及其企业在创新创业活动中需要技术服务机构提供必要的技术服务和技术资源，从而减少因创新问题所带来的成本以及为获取这些资源和技术服务所带来的额外成本。

如图6-16所示，技术服务机构的数量决定了技术服务可提供量和技术服务质量。一方面，技术服务可提供量影响创新创业型人才对行业的前景判断，技术服务可提供量越高，则创新技术应用到创新创业活动中的可能性越大，则会改善行业前景进而增强创新创业型人才的意愿；另一方面，技术服务质量越高，则创新创业型人才及其企业在创新创业活动中的技术障碍越少，获得技术资源越多，在创新活动中为此所付出的成本就越少，提高创新创业型企业的绩效，进而增强创新创业意愿。

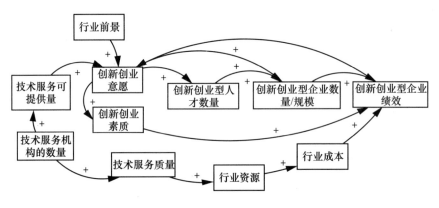

图6-16　技术服务下的创新创业型人才自我成长

（五）政府支撑子系统分析

政府是创新创业型人才协同培养体系中的重要主体，它几乎与系统中所有的主体都有关联，并通过政策行为来影响或者规范其他主体的行为，从而促进创新创业型人才持续成长。从系统层次结构来看，政府可以与创新创业型人才及其企业发生关联，政府利用奖励计划、项目基金等直接向创新创业型人才及其企业提供创新创业活动所需的资金，同时利用税收减免或者优惠来减少创新创业型人才及其企业的相关费用；政府可以利用行业政策规范行业内各主体的行为，如相关法律法规降低行业进入和退出壁垒、行业竞争行为和行业垄断行为；政府利用政策资助教育、金融、技术服务等机构为创新创业型人才及其企业提供服务等。

从政府与创新创业型人才及其企业自我成长的直接关系来看（如图6-17），政府利用行业政策，规范行业行为，减少了创新创业活动的障碍，从而提升了行业前景，提高了创新创业型人才创新创业意愿；同时利用行业政策还可以增加行业的可利用资源，减少因获取这些资源而支付的成本，从而提高创新创业型人才的绩效。政府还可以用创新创业型人才基金或者项目资助直接增加创新创业型人才及其企业的可利用资源，进而提高其创新创业型企业绩效。同时，政府还可以利用各种政策影响金融机构、风险投资机构、教育机构、技术服务机构等主体促使创新创业型人才持续成长。

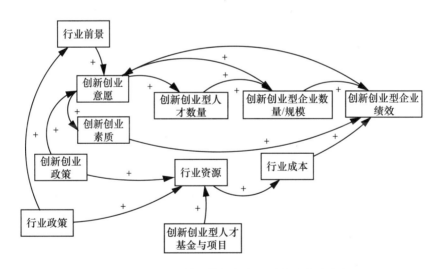

图6-17　政府支撑下的创新创业型人才自我成长

（六）创新创业型人才协同培养系统分析

综合上面各子系统分析，可以得到创新创业型人才协同培养系统动力模型（如图 6 - 18）。

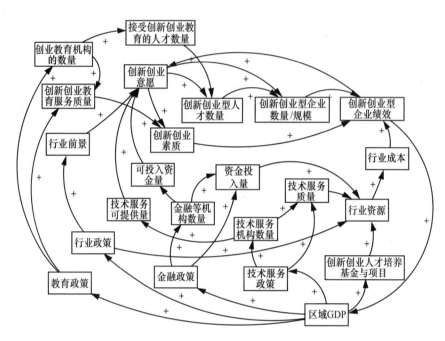

图 6 - 18 创新创业型人才协同培养系统动力模型

创新创业型人才协同培养系统是由多个主体组成的层次性协同系统。创新创业型人才及其企业的自我成长是其核心，是创新创业型人才具有创新创业意识具体创新创业行为，结合创新创业素质，建立创新创业型企业，最终创造企业价值，影响创新创业型人才创新创业意识，提高创新创业素质，形成良性循环。创新创业型人才成长是具体行业内的创新创业活动的结果，其成长受到行业内各主体行为的影响，具体体现为行业前景、行业资源、行业成本等因素影响。因此，在具体的成长过程中，需要其他主体提供相应的服务，包括以高校和科研机构为代表的教育主体，以金融机构和风险投资机构为代表的资金主体，以技术服务中介机构为代表的技术服务主体。这些主体为创新创业型人才提供资金支持、教育支持、技术支持等服务，提高了创新创业型人才的创新创业意愿，同时提供创新创业活动所需的资源，降低了因获取资源而需额外支出的成本，保证创新创业型人才及其企业顺利成长。但是，不同主体利益不同，目标也不同，需要政府提供相应的政策服务以支持、规范和约束相关主体的行为。政府采取补助政策直接为创新创业型人才提供资金支持，发布行业准则等政策规范行业行为，从教育、资金以及技术支持三方面激励和约束各主体为创新创业型人才成长提供必要的服务。所有主体及其子系统有机联系在一起，共同促进创新创业型人才及其企业持续成长。

第七章 系统观视角下创新创业型人才协同创新培养的博弈分析

第一节 协同创新视角下创新创业型人才培养主体博弈分析

建立协同创新培养系统中不同创新主体间动态博弈模型，分析政府、高等院校、企业、科研机构、中介机构等协同创新培养创新创业型人才过程中交互作用关系以及知识产生、转换、传输和存储作用机理。探讨创新主体协同创新培养创新创业型人才过程中知识分享演化博弈和演化博弈稳定策略，研究演化的稳定性、动态演化路径及演化机制等，从而揭示创新创业型人才协同创新培养系统运行的内在动力机制和反馈机制。

在构建的"双创"协同培养系统中，不同创新主体间的利益分配是系统协同培养创新创业型人才的动力。因此，分析协同创新创业培养系统内不同主体的利益分配问题至关重要。由于不同培养主体单位具有不同的利益诉求，故协同培养创新创业型人才的关键在于谋求大学与科研机构、企业、政府、金融机构及中介组织等多方主体的互利互惠和优势互补。蔡云（2016）在分析产学研合作培养高校"双创"人才时，提出需要构建产学研合作创新培养"双创"人才的利益分配机制，认为各创新主体在实现自身利益诉求时，需要兼顾其他主体的相关利益。只有当大学与科研机构、企业、政府、金融机构及中介组织等多方主体形成良性的利益分配均衡时，多方主体构成的协同创新培养系统才能持续地运行和发展。有研究认为在利益分配时，应保持各创新主体的贡献与其回报相一致，从而激励各相关主体的积极性、增加凝聚力，提高协同创新培养创新创业型人才的效率。因此，在分析协同创新培养系统中各主体利益分配之前，首先应理顺各创新主体在协同培养创新创业型人才系统中的角色及贡献。

协同培养创新创业型人才的过程大体上分为创新创业意识形成、创新创业知识传授和创新创业实践等阶段。创新创业型人才协同培养的主体在不同培养阶段，角色各有不同。创新创业意识培养的关键是"双创"思维的形成。"双创"知识体系更多地来源于高校或科研机构的原始创新。创新创业实践能力的培养是需要大学生深入企业、科技园区、创新创业示范园、孵化器等场所进行具体实践操作累积经验的过程。因此，协同培养创新创业型人才的不同主体在"双创"人才协同培养的不同阶段其角色和贡献各不相同。

（一）大学的角色及贡献

在创新创业型人才的协同培养过程，大学与科研机构应充分发挥"知识源"的作用，在创新创业知识传授和创新创业意识形成方面起到主导作用。高校、科研机构不仅仅是新知识、新概念、新思想的主要来源，而且它们在大学生思维训练方面拥有一套独特、缜密、科学的教育体系。因此，在协同培养创新创业型人才过程中，大学、科研机构应充分发挥自身教育、授业、解惑的功能，不断加强对大学生创新创业的新知识、新概念、新思想的传授和新思维的训练。

1. 大学与科研机构，特别是以教育擅长的高校包括本科院校、专科院校和职业院校应该不断地加强创新创业型人才培养的指导教师队伍的建设。由于创新创业知识来源广泛，不仅仅局限于某一专业知识，需要整合更多跨学科、跨专业知识。既有来源于创业项目的专业知识，也有来源于管理学、经济学、法学等社会科学方面的知识。因此，高校应不断加强内部学科教师的整合，不断强化师资队伍跨学科专业知识的培训。与此同时，高校还应与企业、政府、金融机构、中介机构等建立友好型战略联盟，定期选派优秀教师去企业、中介机构等组织进行实训，不断增强教师的实践能力，用于反哺创新创业型人才的教学过程中。另外，鼓励高校聘用"实战派"创业成功人士、具有指导经验的知名企业家/管理者、各种类型风险投资人、政府相关部门的决策者等，将他们加入高校创新创业型人才培养的教师队伍中来。总之，高校、科研机构应打造一个具有来自跨行业和跨专业领域的专、兼职结合的教师队伍，他们既有丰富的创新创业理论知识，又有丰富的创新创业经验，同时还具有跨界合作的思维和联想。

2. 大学与科研机构应构建完善的创新创业培养课程体系、改革教育教学方法。关于协同培养创新创业型人才的课程是大学、科研机构、企业、金融机构、中介组织和政府开展协同创新创业教育的最基本载体，因为完善的课程体系能够构建出相对完整的一套创新创业知识体系。首先，在构建完善的创新创业培养课程体系时，应在强调专业知识基础之上，嵌入创新创业的相关理论知识，不断优化创新创业的课程内容，逐步实现专业教育和创新创业教育有机融合。其次，在加强创新创业培养课程体系建设过程中，需要加强课外学术科技和创新创业计划等相关的竞赛训练。以共青团中央、中国科协、教育部和全国学联共同主办的全国性的大学生课外学术实践竞赛——"挑战杯"全国大学生系列科技学术竞赛为龙头，积极参与或创办多层次、多级别的创新创业大赛。鼓励在校大学生积极参与国家级、省部级、市厅级、校级、企业等举办的各层次的创新创业计划竞赛和课外学术科技作品竞赛等活动，不断地加强学生的创新创业意识。最后，高校应将"实战派"创业成功人士、知名企业家、高层管理者、各类风险投资人等引入课堂教学，他们可以在课堂上与大学生们面对面地交流，可以分享符合企业需求的新信息、新技术和高端人才，从而启发大学生创新创业的意识。另外，大学、科研机构应充分挖掘、整合和利用校友资源，引入知名校友、创新创业就业比较成功的校友，将他们引入大学生课堂；并且联合他们指导、完善大学生各类创新创业大赛项目以及个性化的创业方案，从而让大学们以较低成本体会创新创业的艰辛过程，并掌握创新创业的知识、技能和经验。

3. 大学与科研机构应该构建开放、包容的创新制度和管理体系。创新创业课程体系的构建和师资队伍的建设都需要跨学科、跨专业整合，势必要打破以往传统的制度和组织结构。一方面，大学和科研机构应该创建创新创业学院或中心，用于协调、统筹创新创业型人才培养的工作，加强与企业、科研机构、金融机构、中介组织等机构的密切合作与联系。另一方面，应寻求与国内外知名高校建立长期的交流合作培养项目，实现优势互补。黄国辉和郭艺（2014）对闽台地区高校联合培养创新创业型人才的模式进行研究表明，福建省内高校引进中国台湾地区相对成熟先进的职业培训经验，联合中国台湾地区知名高校、职业培训机构共同培养创新创业型人才。因此，大学、科研机构除了与企业、金融机构、中介组织等联合培养创新创业型人才外，还应加强与知名高校、科研机构的合作和交流，实现优势互补、双赢共荣的联合培养模式。

（二）企业的角色及贡献

在创新创业型人才的协同培养过程，企业应充分发挥引导创新创业型人才深入实践的主导作用，不断提升创新创业型人才的创新创业意识和能力。由于企业对技术创新需求的反应最为敏感，对于"双创"人才的需求最为迫切，因此，作为技术创新需求和创新创业型人才需求的归宿，企业应充分发挥自身"实践基地"的作用。以自身技术创新需求和创新创业型人才需求为出发点，建立技术创新需求或创新创业型人才需求相关项目，积极寻求与高校、科研机构间的合作和交流，实现创新创业型人才培养的终极目标。

1. 企业首先应明确自身技术创新需求或创新创业型人才需求类型。明确的技术创新需求或创新创业型人才需求类型，能够帮助企业厘清在创新创业型人才培养系统中的地位和作用。企业明确的技术创新需求是企业开展官—产—学—研合作和交流的出发点和归宿。企业通过设立技术创新需求项目，以招标的形式，建立官—产—学—研—金战略联盟，共同开发和研制新技术、新产品、新方法、开拓新市场和构建新组织。企业明确的创新创业型人才需求类型决定了企业与高校、政府和中介机构合作的方式方法。

2. 企业应与高校、科研机构等建立实践教学基地。有条件的企业应依托自身的国家级/省级/市级企业技术中心、工程技术研发中心、重点实验室、"博士后流动站"等与高校、科研机构等建立创新创业型人才培养实践基地，相互借鉴经验、实现优势互补。在创新创业型人才培养系统中，企业应充分利用现有实验、实践平台，推动创新创业型人才培养系统主体之间的实践、教学平台和工程实践训练平台共享。选拔一批具有专业技术技能的人员、企业高层管理人员。

3. 企业应积极联合高校、政府、金融机构等单位共同举办各种创新创业大赛，开展创新创业项目。一方面，企业积极辅助高校，例如提供技术人员、资金等方面的支持。积极参与到国家级、省市级和校级等不同级别的创新创业训练计划中，不断提高和培养大学生创新创业意识。另一方面，以自身的技术创新需求为目标或以创新创业型人才需求为目标，企业设立技术创新专业项目或专业创新创业大赛，面向高校、科研机构进行招标和开放，从而在创新创业专业项目或大赛中寻找适合企业自身发展需求的新技术或创新创业型人才。

（三）政府的角色及贡献

在创新创业型人才的协同培养过程中，政府应充分发挥"看得见的手"的作用，应在创新创业意识形成、创新创业知识传授和创新创业实践等阶段起到协调和政策保障的作用。在协同培养创新创业型人才的过程中，强调创新创业培养主体间的相互关联、优势互补。企业等具有各自的社会功能、运行体制机制和自主的独立性，因此，富有成效的协同培养创新创业型人才的过程离不开政府的政策和制度安排这只"看得见的手"。

1. 相关法律及政策保障。在协同培养创新创业型人才的过程中，政府应制定相应的法律法规，厘清政府、高校、科研机构、企业、金融机构和中介组织在协同培养创新创业型人才中的权力、责任和义务。政府可以通过制定和颁布创新创业各项扶持政策、产业政策、人才政策、税收政策和科技政策等引导、推动和协调各方主体协同培养创新创业型人才的积极性。地方政府应加快落实大学生创新创业的各项扶持政策，并采取各项服务措施。

2. 加强"双创"人才协同培养的统筹与协调。协同培养"双创"人才的关键主体是企业、高校和科研机构之间的协同合作培养，然而，在协同培养创新创业型人才的过程中有些关系超出了企业、高校和科研机构等各自的职能范围，因此，需要政府出面协调、引导和推动高校、科研机构和企业之间建立沟通机制和协作机制。从而为高校、科研机构和企业、金融机构和中介机构建立合作信赖关系发挥调节、引导和推动的作用。另外，政府特别是地方政府应出台相应激励政策，用来激励企业、高校、科研机构、金融机构和中介组织的相互交流、沟通和协作。

3. 联合其他机构创办各级创新创业大赛和创新创业中心并提供经费支持。一方面，政府特别是地方政府应联合高校、企业、金融机构和中介组织创办各类科技创业中心、协同创新创业中心、大学科技园、大学生创业示范园区等协同培养创新创业型人才的平台。与此同时，地方政府应借助自身财政和社会资金举办以"挑战杯"竞赛为龙头的多元化的创新创业大赛，用于凝聚创新创业型人才协同培养的各方主体间的协作力。另一方面，地方政府应引导和凝聚各类社会资本直接用于扶持大学生创新创业活动。与此同时，地方政府还应鼓励社会团体、企事业单位和个人设立用于支持大学生创新创业风险投资、天使投资等基金，以多元化的形式为大学生自主创新创业提供直接的资金支持。

（四）金融机构及其他主体的角色及贡献

在创新创业型人才的协同培养过程中，金融机构、中介组织等其他协同培养主体应充分发挥"催化剂"的作用，应在创新创业意识形成、创新创业知识传授和创新创业实践等阶段起到加快协同培养创新创业型人才进程的作用。

1. 在创新创业型人才的协同培养过程中，金融机构和风险投资机构需结合自身投资需求和意向，为相关的创新创业活动提供资金支持。金融机构和风险投资机构应该通过金融产品创新交流与合作平台加强与高校、科研机构和企业之间的交流与合作，促进高校、科研机构、企业、金融机构和中介组织协同培养创新创业型人才的速度。金融机构和风险投资机构应逐步完善创新创业融资新业务、新模式和新方法，为科技资本、产业资本、金融资本、创新创业资本等不同类型资本提供对接融合的契机。不仅为推进高校、科研机构、企业、金融机构和中介组织协同培养创新创业型人才搭建金融优势平台，而且为高校、科研机构、科技企业、金融机构和中介组织之间的交流合作提供了重要的平台。鼓励金融机构、风险投资机构不断创新业务，例如为创新创业型企业提供无息、低息或无抵押小额贷款，帮助大学生进行创新创业实践。

2. 中介组织机构应为创新创业型人才的协同培养创造良好的条件。中介组织应该充分发挥创新创业孵化载体的功能。首先，高校、科研机构和企业等协同培养"双创"人才的各方主体应充分利用已有的生产力促进中心、技术研究中心、创业服务中心、（重点）实验室、工程技术研究中心等直接参与技术创新服务的机构，不断为协同培养"双创"人才提供重要的实践基地和场所。其次，协同培养"双创"人才的各方主体应充分利用科技评估中心、情报信息中心、知识产权事务中心、科技招投标机构等中介组织，为协同培养创新创业型人才提供创新创业型人才协同培养和创业咨询服务。最后，协同培养创新创业型人才的各方主体应充分利用好人才中介市场、技术/知识产权交易机构、技术市场、科技条件市场等中介机构，加快推进其合作进度。

基于此，我们构建静态博弈模型来分析不同的协同创新主体在创新创业型人才培养中的贡献，鉴于角色特征的相似性，我们只分析具有代表性的大学、企业、政府的博弈行为。

一 大学与其他创新主体协同培养的博弈分析

在对创新创业型人才培养模式的研究中，刘献君等（2008）分析在人才具体培养模式上，发达国家高校高度重视从导师、经费、机制等方面提供必要的保障。郭纬纬等（2007）认为提升创新创业型人才的主体意识在创新创业活动中起到重要的作用。庞岚等（2013）研究了基于工程创新人才培养的卓越工程师教育方案。陈桂香（2015）认为，"政产学"协同培养创新创业型人才，有利于发挥协同主体的资源优势，最大限度地利用协同主体的有效资源。

在对创新创业型人才培养主体的研究中，贾冀南等（2016）阐述了增长及带动人才集聚和人才成长的机制。孙锐等（2013）提出创新、创造过程是一种问题解决过程，并在此基础上探讨了创新人才培养的动态创新能力培养方式。孟卫东等（2015）通过建立科技人才培养激励模型，求解并分析非对称信息下最优激励机制设计问题，提出在人才培养上，建立完善的监督考评机制等。

在对大学与其他创新主体进行博弈问题分析时，首先建立博弈问题的数学模型，即博弈模型，在一般情况下，博弈模型元素主要包括以下几个方面：

（一）博弈主体

在该研究中，博弈活动的博弈主体是指大学与其他创新主体。在博弈过程中，参与博弈的每一个博弈主体都会根据自身的情况以及掌握的对手信息作出理性的决策，博弈主体不存在偶然性的决策行为。协同创新视角下提升"双创"人才的创新创业能力是充分挖掘大学与其他创新主体的资源基础，获取互补性的外部资源，促进知识与资源的有效流动，从而达到大学与其他创新主体协同培养有效提升创新创业型人才创新创业能力的局面。

（二）决策集合

决策集合是一组博弈主体在博弈活动中所作出的决策集。每一个博弈主体都有多种选择的方式。记博弈主体 i 的策略为 x_i，则每一个博弈主体各选择一种决策构成决策集合 $x = (x_1, x_2, \cdots, x_n)$，策略组合的集合为 $X = \prod_{i=1}^{n} XX = \prod_{i=1}^{n} X$，这称为博弈的策略空间。在协同创新视角下提升"双创"人才的创新创业能力过程中，大学与其他创新主体在不同的协同培养阶段有不同的策略选择，选择不同的策略会影响到最终博弈的结果。

（三）获利空间

获利空间是指每一个博弈主体从博弈活动中所获取到的利益。在协同创新视角下提升创新创业型人才的创新创业能力的过程中以及大学与其他创新主体的博弈过程中，当大学与其他创新主体作出不同的行为时，所构成的决策集合也不同，最终对应不同的获利空间以及获利空间集合。

（四）大学与其他创新主体协同培养决策的基本静态博弈模型

在博弈分析的方法中，囚徒困境可以用来解释大学与其他创新主体协同培养提升创新创业型人才创新创业能力方面协同培养优于不协同培养。从静态博弈以及重复博弈两个方面来对大学与其他创新主体的决策选择进行分析。

采用囚徒困境模型可以得出大学与其他创新主体协同培养提升创新创业型人才创新创业能力的基本模型，如表 7 – 1 所示为大学与其他创新主体协同培养提升创新创业型人才"双创"能力的协同培养矩阵：两者均选择协同培养，则提升创新创业型人才创新创业能力的水平就比较高，获利空间就比较大；当只有一方博弈主体选择协同培养，则该博弈主体付出成本较高，获利空间较小，据此可以假设：

$$D > A > B > C$$
$$2A > (C + D)$$

表 7 – 1 　　　　　　　大学与其他创新主体协同培养博弈模型

策略		其他创新主体	
		不协同培养	协同培养
大学	不协同培养	(B, B)	(D, C)
	协同培养	(C, D)	(A, A)

在该模型中，能够达到帕累托最优的行为是大学与其他创新主体都选择协同培养。随着大学与其他创新主体协同培养次数的增加，二者会意识到（不协同培养，不协同培养）的均衡状况不能够达到整体最优的结果，根据参与决策的创新主体是理性的假设，最后大学和其他创新主体都会走向协同培养。

二　企业与其他创新主体协同培养的博弈分析

关于创新创业型人才培养的研究中许多学者提出了自己的看法：刘献君等（2008）在具体的人才培养研究中提出"创新创业型人才的培养一直备受发达国家关注，在人才培养的过程中更是需要注重企业和高校强强联手，切实保障这一过程中的基础设施和专业知识等必要条件"；陈桂香（2015）提到通过"政产学研"协同创新来培养卓越的创新创业型人才，充分发挥各个创新主体的优势，利用众多创新主体的优势资源来培养出同时具备专业知识和实践经验的创新创业型人才；庞岚等（2013）研究了基于工程创新人才培养的卓越工程师教育方案；孙锐（2013）在创新、创业过程的基础上深入研究了创新人才的动态培养模式。

基于以上研究，本部分研究在协同创新的大条件下，企业与其他创新主体在创新创业型人才培养上的博弈分析，建立博弈问题的数学模型：

（一）博弈主体

在所有的博弈主体与其他博弈主体的博弈过程中，根据自身情况分析当前主体形势，在充分了解协同培养对方的信息后，选择最优于自身的决策来获得最大的经济效益，所有的博弈主体所作出的决策统称为博弈过程中的决策集合。在本部分的博弈活动研究分析中，博弈主体为企业和其他辅助创新主体。

（二）决策集合

由于具体环境和条件有异，不同的博弈主体在自身的立场上会有不同的决策，以及多种选择方式。记博弈主体 i 的决策集合为 X_{ij}，则博弈主体 X_1 作出不同决策的决策集合为 $X_{ij} = （X_{11}, X_{12}, \cdots, X_{1n}）$，记为 $\sum\limits_{i=1,2\cdots n.}^{n} X_{ij}$，这一决策集合又称为博弈的决策空间。

（三）获利空间

企业与其他创新主体选择不同的协同培养决策从而构成决策集合。相应地，所有博弈主体作出的每一种决策能够为自身带来的利益范围称为获利空间。在本部分的研究过程中企业与其他创新主体根据实际情况选择最优于自身的协同培养策略，这样一来，所有创新主体作出的决策所创造的利益的集合便是这一博弈协同培养的获利空间。此获利空间所对应的函数即博弈最优函数。

由于各种因素的影响和制约，不同时期的不同博弈主体选择不同的协同培养策略，从而构成了众多的决策集合和对应的获利空间。因此，企业与其他创新主体在作出每一个决策时都要谨小慎微，方可在整个博弈过程中获得最大的利益。

（四）企业与其他创新主体协同培养的博弈分析

在企业与其他创新主体之间的博弈分析过程中，"囚徒困境"很好地解释了这些博弈主体之间在培养创新创业型人才方面选择协同培养所获得的利益要大于不协同培养。而博弈分析过程又可分为两种，即静态博弈和重复博弈，具体分析如下：

企业与其他创新主体之间协同培养决策的静态博弈模型，参考囚徒困境模型我们可以建立企业与其他创新主体之间为培养创新创业型人才而选择是否协同培养的博弈模型。与上节类似，一方博弈主体选择协同培养为 A，另一方博弈主体选择不协同培养为 B，则决策集合如表 7 - 2 所示。

表 7 - 2 　　企业与其他创新主体之间的协同培养博弈模型（一）

策略		其他创新主体	
		协同培养	不协同培养
企业	协同培养	(A, A)	(A, B)
	不协同培养	(B, A)	(B, B)

与此相对应的获利空间遵循以下规则：若企业与其他创新主体都选择协同培养，则双方的获利空间均记为 a；若企业与其他创新主体都选择不协同培养，则双方的获利空间均记为 b；若一方选择协同培养而另一方选择不协同培养，则愿意协同培养一方的获利空间记为 c，记不愿意协同培养一方获利空间为 d。基于以上规则，可以得出这一博弈模型的获利空间，如表 7 - 3 所示。

表 7 - 3 　　企业与其他创新主体协同培养博弈模型（二）

策略		其他创新主体	
		协同培养	不协同培养
企业	协同培养	(a, a)	(c, d)
	不协同培养	(d, c)	(b, b)

通过分析上面的企业与其他创新主体协同培养矩阵，可以得出在协同创新基础上，培养创新创业型人才的协同培养方面，两者均选择协同培养时，对于提升创新创业型人才的综合能力效果最为明显，即获利空间最大；而当其中一方选择不协同培养时，对于创新创业型人才培养的效果会变差，即获利空间相对较小；当双方都选择不协同培养时，在提升创新创业型人才创新创业能力方面效果最差，即双方都有最小的获利空间。由以上分析，得出关于 a、b、c、d 四种获利空间的大小排序如下：

$$d > a > b > c$$
$$2a > (c + d)$$

由表 7 - 2、表 7 - 3 可知，在这一博弈模型中，当企业与其他创新主体都选择协同培养时，获利函数达到帕累托最优，即当决策组合为 (A, A)，获利空间为 (a, a) 时博弈主体整体达到最优，所有博弈主体拥有最大的获利空间，对于博弈主体来说这是最好的结果；当企业与其他创新主体都选择不协同培养，即决策组合为 (B, B)，获利空间为 (b, b) 时，达到纳什均衡点，此时的结果比双方都选择协同培养和一方选择协同培养时的效果都要差，因此也是对博弈主体都不利的决策。在多次的协同培养与不协同培养的试探与实践中，企业与其他创新主体都会意识到，要想达到帕累托最优状态，博弈主体最终都将会选择协同培养来获取最大的获利空间。

三　政府与其他创新主体协同培养的博弈分析

在技术不断发展的今天，社会对于人才的需求愈来愈大，对于人才培养方面的重视也愈来愈强烈。为实现祖国的现代化建设事业，培养具有创新创业精神和创新创业能力的人才是当今社会发展的一个重点。关于创新创业型人才的培养，政府作为人才培养的一大主体，在不断地协调培养体系中各方主体的关系、制定适合的发展战略方面，也发挥着重要的作用。在创新创业型人才培养方面，就高校和企业方面已有很多学者进行了细致的研究。所以本部分将以政府为第一视角，分析协同创新视角关于创新创业型人才培养主体之间的博弈过程，并提出建议，旨在为创新创业型人才培养提供更加全面的借鉴。

本部分在对政府与其他创新主体进行博弈问题分析时，首先建立博弈问题的数学模型。

（一）参与者

参与者又称为博弈主体，其目的在于如何通过选择策略的行为来最大化自身的收益，并且参与者拥有行为选择能力和博弈结果负责能力。在博弈过程中对参与者作出两个重要假设：一是参与者是理性的，他总是能够选择那个能给自身带来最大净收益的方案；二是参与者是智能的，他知道在博弈过程中所需要知道的一切信息，并能作出所有的相应推断。参与者用 i 来表示，参与者的集合用 Γ 表示，其中 $\Gamma = \{1, 2, 3\cdots, n\}$。

在协同创新视角下创新创业型人才培养主体博弈分析中，参与者是各创新主体（高校、企业、政府、科研机构、中介机构等），所以在博弈过程中，政府和其他创新主体将根据自身情况以及掌握的其他主体的信息作出理性的决策。

（二）策略空间

策略是指参与者如何对其他参与者的行动作出反应的行动规则，它揭示了参与者在什么时候应该采取什么样的行动。用 s_i 表示第 i 个参与者的一个策略，用 $S_i = \{s_i\}$ 表示参与者 i 所有可选择的策略集合。假设总共有 n 个参与者，则 n 个参与者选择的所有策略集合 $\{S_1, S_2, \cdots, S_n\}$，记为 S，称为一个策略组合。

（三）收益函数

收益是指在一个特定的战略组合下参与者得到的特定效用或期望效用。在政府与其他创新主体的博弈过程中，协同培养"双创"人才的主体收益不仅取决于自己的策略选择，还取决于其他参与者的策略选择。即收益是指协同培养"双创"人才的所有主体参与者各选定一个策略形成的策略组合的函数。用 u_i 表示参与者 i 的收益，在一个策略组合下，每个参与者的收益可表示为 $U_i = U_i \{S_1, S_2, \cdots, S_n\}$。政府与其他创新主体作出不同的行为，对应不同的收益函数。

在博弈分析的方法中，囚徒困境可以用来解释政府与其他创新主体协同培养提升创新创业型人才创新创业能力方面合作优于不合作。同时，由于行动的顺序对于博弈结果是至关重要的，所以基于行动的顺序作出静态和动态的博弈分析。

四　政府与其他创新主体合作决策的基本静态博弈模型

采用囚徒困境模型可以得出政府与其他创新主体合作提升创新创业型人才创新创业能力的基本模型，如表 7 - 4 所示。

在政府与其他创新主体（主要是指大学、企业）开展博弈的过程中，双方在不了解对方的情况下有协同培养和不协同培养两种策略，如果政府与其他创新主体都选择协同培养的策略，则其收益均为 X；如果双方都放弃协同培养，则其收益均为 Y；如果政府与其他创新主体作出不同的选择，即一方协同培养，另一方拒绝协同培养，则选择协同培养的参与者收益为 Z，拒绝协同培养的参与者收益为 T。

对应博弈论中解释为：

参与者 Γ = ｛政府，其他创新主体｝，策略空间 $S_1 = S_2$ = ｛协同培养，不协同培养｝，收益函数 U_1（协同培养，协同培养）= U_2（协同培养，协同培养）=（X, X）；U_1（协同培养，不协同培养）= U_2（协同培养，不协同培养）=（Z, T）；U_1（不协同培养，协同培养）= U_2（不协同培养，协同培养）=（T, Z）；U_1（不协同培养，不协同培养）= U_2（不协同培养，不协同培养）=（Y, Y）。

如表 7 - 4 所示为政府与其他创新主体合作提升创新创业型人才创新创业能力的合作矩阵，两者均选择合作，则提升创新创业型人才创新创业能力的水平就比较高，因此收益比较大；当只有一方参与者选择协同，则该参与者付出成本较高，因此，获利空间较小，据此可以假设：

$$T > X > Y > Z;$$
$$2X > T + Z$$

表7-4 政府与其他创新主体合作博弈模型

策略		其他创新主体	
		协同培养	不协同培养
政府	协同培养	(X, X)	(Z, T)
	不协同培养	(T, Z)	(Y, Y)

如表7-4所示的博弈模型中，对政府而言 U_1（不协同培养，协同培养）$= T > U_1$（协同培养，协同培养）$= X$，U_1（不协同培养，不协同培养）$= Y > U_1$（协同培养，不协同培养）$= Z$，可知 $S_1^* = $ 不合作是政府的最优战略。同理 $S_2^* = $ 不协同培养是其他创新主体的最优战略，即大学与其他创新主体的纳什均衡点是（不协同培养，不协同培养），它是一个有效解而非最优解，这时双方的收益为（Y，Y）。在该模型中，由 $2X > T + Z$，$2X > 2Y$ 可知，当双方都选择协同培养时，则不再存在更多的帕累托改进的余地，即能够达到帕累托最优的行为是政府与其他创新主体都选择协同培养，这时将会产生价值为（X，X）的收益。

上述分析可知，政府与其他创新主体选择协同培养优于政府与其他创新主体选择不协同培养，政府与其他创新主体均选择不协同培养是对二者都不利的决策。政府与其他创新主体不协同培养会产生帕累托次优的决策结果，政府与其他创新主体协同培养会产生帕累托最优的决策结果。

第二节 创新创业型人才培养系统中创新 主体行为的演化博弈

新环境因素约束下创新创业型人才培养系统中创新主体行为的演化博弈。新的环境条件/制度因素下，把各创新主体行为到群体行为的形成机制以及其中涉及的各种因素纳入演化博弈模型中去，分析行为主体的多样性和复杂性，并在一定随机性和扰动的现象中，研究创新创业型人才培养系统演化过程中出现的规律性。

一　大学与其他创新主体重复博弈中开展协同培养的决策分析

在大学与其他创新主体的博弈活动中，如果双方的博弈活动会持续进行多次，在博弈活动中一方博弈主体会影响到另一方博弈主体的行为，博弈的结果就会改变。倘若一方博弈主体一直选择不协同培养的策略，它们就要考虑到因为自身所作出的决策而失去的收益（$A-B$），因此会产生（不协同培养，不协同培养）的决策结果。在博弈过程中如果一方能够认识到在多次博弈中采取不协同培养措施损失的收益会通过重复博弈进行弥补，这时候该博弈主体就会关心长远利益，选取积极的决策，从而达到帕累托最优的效果。

假设从阶段 1 到 t 内，大学采取的是不协同培养的策略，那么大学获取到的最大收益为 $n \cdot \text{Max}(V)$，这时如果其他创新主体采取协同培养的策略，则其他创新主体的最大收益为 $\text{Max}(V) = (D-A)$；如果其他创新主体也不采取协同培养的策略，那么其他创新主体的最大收益为 $\text{Max}(V) = (B-C)$。因此，其他创新主体为了长远利益会放弃追求短期的最大利益。

在时刻 t 之后第 $n+1$ 次的时候，其他创新主体就要改变策略，因此，从第 $n+1$ 次到第 $n+m$ 次（m 是一个大于 1 的正整数），如果大学不改变自身的策略，大学获得的最大收益仅为 $m \cdot \text{Min}[\text{Max}(V)]$，同时在这个过程中如果大学能够改变自身的策略，同其他创新主体开展协同培养，至少可以获取 $m \cdot (A-C)$ 的增加收益，并且有 $m \cdot (A-C) > m \cdot \text{Min}[\text{Max}(V)]$ $m \cdot (A-C) > m \cdot \text{Min}[\text{Max}(V)]$，证明如下：

1. 如果 $(D-A) > (B-C)$ $(D-A) > (B-C)$，则 $\text{Min}[\text{Max}(V)] = (B-C)$ $\text{Min}[\text{Max}(V)] = (B-C)$，如图 7-1 所示，由公式可得 $(A-C) > (B-C$ $A-C) > (B-C)$。

2. 如果 $(D-A) < (B-C)$ $(D-A) < (B-C)$，那么 $\text{Min}[\text{Max}(V)] = (D-A)$ $\text{Min}[\text{Max}(V)] = (D-A)$，如图 7-1 所示，由公式可得 $(A-C) > (B-C) > (D-A$ $A-C) > (B-C) >$ $(D-A)$。

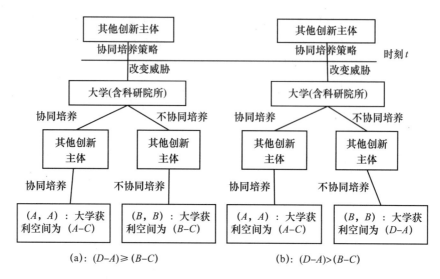

图 7-1 时刻 *t* 前后大学与其他创新主体博弈的决策过程

从图 7-1 中可以得出结论，如果大学采取不协同培养的策略，大学增加的收益就会从 $m \cdot [\text{Max}(V)]$ $m \cdot [\text{Max}(V)]$ 下降到 $m \cdot \text{Min}[\text{Max}(V)]$ $m \cdot \text{Min}[\text{Max}(V)]$。如果大学改变其原有的策略，采取和其他创新主体协同培养的策略，那么大学增加的收益就会扩大到 $m \cdot (A-C)$ $m \cdot (A-C)$，大学会采取理性的决策，所以大学会改变原先不协同培养的策略，同其他创新主体协同培养来提升创新创业型人才创新创业能力。

同时，由于 *n* 是一个已知的有限数值，只有能够找到合适的 *m* 值，才可以得出 $m \cdot (A-B) > n \cdot [\text{Max}(V)] + m \cdot \text{Min}[\text{Max}(V)]$ $m \cdot (A-B) > n \cdot [\text{Max}(V)] + m \cdot \text{Min}[\text{Max}(V)]$，这说明存在多次博弈活动，就能够在非协同培养的环境中发生协同培养行为。

二 企业与其他创新主体重复博弈中开展协同培养的决策分析

对于企业与其他创新主体来说，随着博弈次数的增加博弈主体之间对彼此的信息掌握程度越深，而这些逐渐变化的信息则是影响博弈主体下一步决策选择的主要因素。在企业与其他创新主体协同培养以提升培养创新创业型人才的创新创业能力的决策过程中，为了达到自身的帕累托最优效益，博弈中的决策主体便会将其他博弈主体的决策因素纳入自己的考虑范围，在推测对方会如何作出决策或在对方作出决策的条件下，来选择最优于自己的决策。许多时候，博弈主体会从长远的角度考虑，从而放弃眼前的短期利益，这便形成了不同的策略。

假设博弈活动是一个重复性的决策与选择的过程，那么在最开始的一段时期内，博弈主体对自身有足够的认识和了解，但缺乏对协同培养对象的了解，对方也是相同的情况，这时双方都会选择最为保守的策略，即不协同培养 (B, B)，在往后的一大段过程，经过试探性的协同培养或是观望其他主体间的协同培养关系后，逐步了解对方，这时候获利空间便从最初的 (b, b) 逐步趋向于帕累托最优情况下的最大获利空间 (a, a)。

在企业与其他创新主体来回反复的博弈过程中，随着博弈时间的延长、博弈活动次数的增加，博弈活动的一方博弈主体所作出的决策选择便会对另一方主体的决策行为产生影响，这样便导致了博弈结果的不确定。如果有一方主体一直坚持选择不协同培养，则这一主体便要做好丢失那 $(a-b)$ 利益的心理准备。最终，博弈主体会在反反复复的博弈往来中发现，采取消极不协同培养的策略所损失的利益会在积极选择协同培养策略后便会弥补回来，最终足够熟悉对方信息的博弈主体逐步趋向于选择能够达到帕累托最优的决策。

现将企业与其他创新创业主体的协同培养模式分为两阶段：如图 7-2 企业与其他创新主体协同培养第一阶段，从 1 到 t 时间段内，企业选择的是不协同培养的策略，那么企业将获取到的最大收益为 $n \cdot \mathrm{Max}\,(V)$，此时如果其他创新主体采取协同培养的策略，则其他创新主体的最大收益为 $\mathrm{Max}\,(V) = (d-a)$；如果其他创新主体也不采取协同培养的策略，那么其他创新主体的最大收益为 $\mathrm{Max}\,(V) = (b-c)$，因此其他创新主体为了长远利益会放弃追求短期的最大利益。

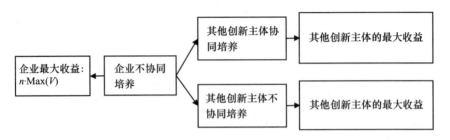

图 7 - 2　企业与其他创新主体合作第一阶段

第二阶段从时刻 t 之后第 $n+1$ 次协同培养的时候，其他创新主体就会改变策略，因此从第 $n+1$ 次到第 $n+m$ 次（$m \geqslant 1$），如果企业改变自身的策略，则企业获得的最大收益仅为 $m \cdot \text{Min}[\text{Max}(V)]$，同时在这个过程中如果企业能够改变自身的策略，同其他创新主体开展协同培养，至少可以获取 $m \cdot (a-c)$ 的增加收益。而 $m \cdot (a-c) > m \cdot \text{Min}[\text{Max}(V)]$ $m \cdot (a-c) > m \cdot \text{Min}[\text{Max}(V)]$ 可以实现，证明如下：

1. 如果 $(d-a) > (b-c)$ $(d-a) > (b-c)$，则 $\text{Min}[\text{Max}(V)] = (b-c)$ $\text{Min}[\text{Max}(V)] = (b-c)$，由公式可得 $(a-c) > (b-c$ $a-c) > (b-c)$。

2. 如果 $(d-a) < (b-c)$ $(d-a) < (b-c)$，那么 $\text{Min}[\text{Max}(V)] = (d-a)$ $\text{Min}[\text{Max}(V)] = (d-a)$，由公式可得 $(a-c) > (b-c) > (d-a$ $a-c) > (b-c) > (d-a)$。

如图 7 - 3 所示，假如企业选择了不协同培养的策略，企业增加的收益就会从 $m \cdot [\text{Max}(V)]$ $m \cdot [\text{Max}(V)]$ 下降到 $m \cdot \text{Min}[\text{Max}(V)]$ $m \cdot \text{Min}[\text{Max}(V)]$，因此，可以知道在协同创新环境下的创新创业型人才培养中，企业选择协同培养策略比选择不协同培养策略更有益。如果企业改变其原有的策略，采取和其他创新主体协同培养的策略，那么企业增加的收益就会扩大到 $m \cdot (a-c)$ $m \cdot (a-c)$，企业会采取理性的决策，所以企业不会坚持一开始不协同培养的策略，而是选择同其他创新主体协同培养来提升创新创业型人才创新创业能力。

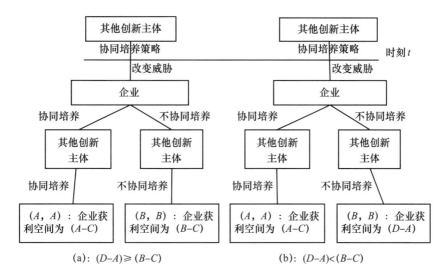

图 7-3　时刻 t 前后企业与其他创新主体博弈的决策过程

同时，由于 n 是一个已知的有限数值，只有能够找到合适的 m 值，可以得出 $m \cdot (a - b) > n \cdot [\mathrm{Max}(V)] + m \cdot \mathrm{Min}[\mathrm{Max}(V)]\ m \cdot (a - b) > n \cdot [\mathrm{Max}(V)] + m \cdot \mathrm{Min}[\mathrm{Max}(V)]$，这说明存在多次博弈活动，就能够在非协同培养的环境中发生协同培养行为。

基于以上对企业与其他创新主体协同培养的博弈分析得出，在提升创新创业型人才创新创业能力的协同创新过程中，最有效的方式便是选择企业与其他创新主体的协同培养。在企业与其他创新主体通过协同培养对创新创业型人才培养的过程中，通过多次的协同培养，所有博弈主体均会采取协同培养策略，从而使主体自身利益达到最大化。

对于创新创业型人才培养主体的博弈分析研究中，大方向基本趋于协同培养以谋求主体群体利益最大化，而未来的研究中可以将参与博弈的主体进一步细化，分析研究创新创业型人才培养的过程中具体详细的多方主体，从而为创新创业型人才的培养发掘潜在创新主体，并结合经济大形势下的多方因素，达到更全面详细的研究效果，为协同创新大条件下的创新创业型人才培养提供更多的借鉴。

三 政府与其他创新主体重复博弈中开展协同培养的决策分析

重复博弈是指在博弈中，相同结构的博弈重复多次，甚至无限次，并且在每次的博弈中，参与主体同时选择与自身利益最大的一个策略，其他参与主体过去的行动历史可以被观测到。因此，在重复博弈过程中，每个参与主体可以依据其他参与主体过去选择的策略作出决策。在重复博弈过程中，博弈发生的次数以及信息是否完整是影响博弈结果的主要因素。

在创新主体的"阶段博弈"中，参与主体基于对自身和对其他主体信息的了解，在智能的理性分析基础上，每个主体作出最有益于自身的决策。

在政府与其他创新主体的博弈活动中，如果双方的博弈活动会持续进行多次，在博弈活动中假设从阶段 1 到 t 内，政府采取的是不协同培养的策略，那么政府获取到的最大收益为 $n \cdot \mathrm{Max}(V)$，这时如果其他创新主体采取协同培养的策略，则其他创新主体的最大收益为 $\mathrm{Max}(V) = (T - X)$；如果其他创新主体也采取不协同培养的策略，那么其他创新主体的最大收益为 $\mathrm{Max}(V) = (Y - Z)$，因此其他创新主体为了长远利益会放弃追求短期的最大利益。

在时刻 t 之后第 $n + 1$ 次的时候，其他创新主体就要改变策略。因此，从第 $n + 1$ 次到第 $n + m$ 次（m 是一个大于 1 的正整数），如果政府不改变自身的策略，政府获得的最大收益仅为 $m \cdot \mathrm{Min}[\mathrm{Max}(V)]$，同时在这个过程中如果政府能够改变自身的策略，同其他创新主体开展协同培养，至少可以获取 $m \cdot (X - Z)$ 的增加收益。

1. 如果 $(T - X) > (Y - Z)$，则 $\mathrm{Min}[\mathrm{Max}(V)] = (Y - Z)$，如图 7 - 4 所示，由公式可得 $(X - Z) > (Y - Z)$。

2. 如果 $(T - X) < (Y - Z)$，那么 $\mathrm{Min}[\mathrm{Max}(V)] = (T - X)$，如图 7 - 4 所示，由公式可得 $(X - Z) > (Y - Z) > (T - X)$。

所以必然有 $(X - Z) > \mathrm{Min}[\mathrm{Max}(V)]$，即 $m \cdot (X - Z) > m \cdot \mathrm{Min}[\mathrm{Max}(V)]$ 可以实现。所以政府作为理性的参与者在 t 时刻之后选择同其他主体选择协同培养，从而获得 $m \cdot (X - Z)$ 的收益。

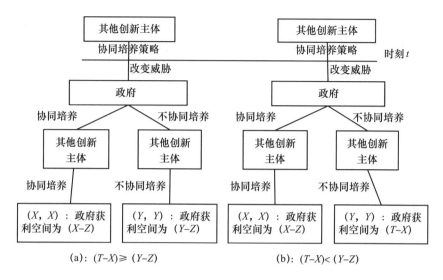

图7-4 时刻t前后政府与其他创新主体博弈的决策过程

同时，由于n是一个已知的有限数值，只有能够找到合适的m值，才可以得出$m \cdot (X-Y) > n \cdot [\text{Max}(V)] + m \cdot \text{Min}[\text{Max}(V)]$，这说明存在多次博弈活动，就能够在非协同培养的环境中发生协同培养行为。

由上述博弈的分析可知政府与其他创新主体选择协同培养是培养创新创业型人才最好的方法，在培养创新创业型人才的道路上，政府应从哪些方面作出具体试试的办法呢？本部分从以下几个方面提出了协同培养的路径。

（一）法律支持，政策保障

政府应制定相应的法律法规，厘清政府、高校、科研机构、企业、金融机构和中介组织在协同培养创新创业型人才中的权利、责任和义务，明确三方关系。同时为鼓励创新创业事业的发展，可以出台一系列优惠政策，如融资服务、减免税支持、场地扶持、初始基金支持等，并且切实落实，不可空谈。

（二）注重宣传，活动策划

政府应在创新创业型人才培养的道路上，作为一只"无形的手"，注重创新创业事业的开展，积极开展宣传活动，如举办以政府为参办人的创新创业比赛，展开一系列的创新创业作品交流展，优秀人才讲座、设立创业教育基金等，努力做到使创新创业的观念深入人心，切实落实"大众创新、万众创业"的发展战略。同时，在一系列活动举办的过程中要发挥好主人翁意识，做好活动策划，争取各方面都有所考虑和涉及，使得高校、企业都积极热情地参与到活动中来。

（三）落实协同培养，达成共识

高校、企业、科研机构、政府各自分工角色在创新创业型人才培养中所担任的职能各不相同，高校、科研机构是人才的主要输出站，企业是创新创业工作的主要时间点，而政府在其中可以与这两者达成三方协同培养，促进三者之间的相互交流、沟通和合作，加强高校的人才输出量，同时落实人才创新创业点，三者共同协同培养，形成"人才产出—创新项目—经费支持—落地实施"的全方位发展。

（四）明确方向，统筹协调

协同培养创新创业型人才的关键是确定人才培养的方向，人才培养的主体。政府应该分析时代发展，同高校、企业等其他创新主体展开交流合作，明确社会急需的创新创业型人才，全方位鼓励创新人才培养的同时又可以分出侧重点，更好地为全社会服务。在协同培养创新创业型人才的过程中，会出现一系列的矛盾，如有些关系超出了企业、高校和科研机构等各自的职能范围，所以，需要政府出面协调、引导和推动高校、科研机构和企业之间建立沟通机制和协作机制，从而为高校、科研机构和企业、金融机构和中介机构建立合作信赖关系发挥调节、引导和推动的作用。

第八章　创新创业型人才协同创新培养机制设计

第一节　创新创业型人才协同培养的模式

一　创新创业型人才协同培养模式具有的特征

（一）开放性

目前校企之间的合作较为松散，且没有更深入的合作，所以从总体上看传统的人才培养还是一种封闭式的培养模式。创新创业型人才的培养需要对高校、科研机构、行业企业、政府等主体拥有的互补性资源进行有效整合和利用，各个主体在人才培养中具有不同的定位和职责，人才培养的主体和环境由高校内部向外部进行了有效延伸。政府、行业企业、科研机构等主体不仅参与到高校课程体系的设置、教学运行的各个环节，还搭建了多维度的创新实践平台，实现了创新要素和创新资源在不同主体之间的共享，这样的人才培养模式具有显著的开放性特征。

（二）协同性

创新创业型人才的培养是一个复杂的系统工程，在这个过程中，需要政府的法律法规支持、政策引导等；需要企业提供发展现状时讯、资金支持、实习实训岗位等；需要科研院所为学生提供研发机会和环境，提升学生的科研能力。所以创新创业型人才的培养需要相关主体自上而下地推动和自下而上地协同，各主体不同的目标和利益诉求将会影响他们之间合作的范围、合作模式以及对合作利益的评价，所以需要寻求各个主体之间合作的"利益契合点"，对其合理定位，明确其在人才培养中的职责所在，构建高校、政府、科研机构、行业企业等主体之间的协同培养机制。

（三）多样化

发达国家对创新创业型人才的培养无不采取多样化的人才培养模式。政府、高校、行业企业、科研机构之间协同创新培养人才的一个特点就是高校与各个主体之间的全方位交流和多样化合作，通过这种交流和合作，改变了高校内部的教学活动、实践和科研活动，实现了高校与其他多元主体之间的信息、资源的互通与共享，实现了创新创业资源的有效整合和利用。

二 创新创业型人才协同培养的模式

创新创业型人才的培养需要打破传统的封闭式育人模式，通过高校的内部协同、高校与高校、高校与政府、高校与行业企业、高校与科研机构之间的深度合作，搭建教学共享平台、实验实践共享平台、科研训练平台和创业孵化平台，从人才培养目标和培养方案的制定、人才培养的实施过程以及人才培养的评价等开展全过程、多环节的协同，将原先的单一的校内课堂变成课堂内外相结合、校内与校外相结合、国内与国外相结合的大课堂，将课堂教学与实践活动紧密结合、教学与科研紧密结合、线上与线下紧密结合，构建跨学科跨专业培养、多导师联合培养、产学研多元主体联合培养的协同创新培养模式。

（一）校校协同，实现优质教学资源共享

首先，要实现校内协同培养，打破目前学科与学科之间、专业与专业之间、教学与科研的分离状态，开设大量的跨专业的通识教育课程、多元选修课程，组建各类跨专业教学中心、跨专业实验中心、跨专业研究中心，鼓励学生跨学科、跨专业选修课程，拓宽学生的学科视野，为学生构建综合化的知识结构体系。其次，高校与高校之间依托目前各自的学科优势、专业优势，通过共享课程、共享实验室、学分互认、互聘教师等方式，积极建设慕课等网络教学资源，组建跨校的优质教学资源共享平台来联合培养学生。最后，

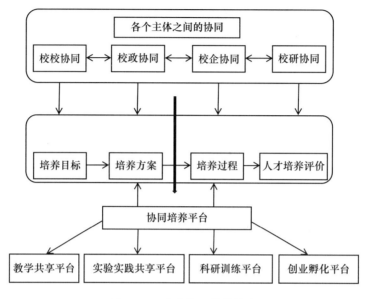

图 8 - 1　人才协同培养模式

加强与国外知名院校的协同，通过联合培养学位项目、教师访学、国际交换生、短期游学项目等形式，学习借鉴国外知名院校先进的教学理念、教育方式，搭建更宽阔的国际交流平台，拓宽学生的国际化视野。

（二）校政协同，构建创新创业型人才协同培养的平台和环境

作为人才培养的顶层设计者，政府不仅为创新创业型人才的培养提供了相应的政策支持和资金支持，还通过组织全国性的"挑战杯""创青春"等科技竞赛活动，通过在高校建立研究基地、建立大学科技园、设立服务地方经济的科研项目等多种形式，积极引导学校与各个主体之间搭建起多维度的人才协同培养平台，培养和提升学生的创新创业能力。科技竞赛可以将行业企业自身的实际需求信息、地方经济、产业经济发展中遇到的实际问题等传递给参赛学生，引导学生综合运用所学知识解决实际问题，从而培养和提升学生的创新意识和团队合作能力。而借助于在高校建立的研究基地和大学科技园等载体，在进一步整合各个主体之间的科技资源、创新资源的同时，也促进了

教育、科研、生产实践、区域经济化之间的融合，为学生开展创新实践和产业化项目提供了更广阔的平台。

（三）校企协同，提升学生的创新创业能力

企业参与到人才培养中可以让高校及时获得劳动力市场需求的最新信息，使得高校能够有目的、有方向、有针对性地进行人才的培养。校企协同拟定高校的课程体系和教学内容等，联合开设相关课程，共建实习实训基地，聘请行业企业的优秀科研人员走进学校，高校选派老师到企业挂职锻炼，从而实现课堂教学和生产实践的紧密结合，不仅调动了学生专业学习的积极性，缩短了学校教育和企业生产的适应期，还可以把最新的行业发展态势、研发成果介绍给学生，激发学生的创新创业意识。

高校根据国家产业发展的需要，积极探索校企合作的方式，通过与国内知名行业企业成立立体综合型的合作办学实体，为学生提供更多面向生产实践和科研实践的机会和平台。校企协同加强了学习与社会、专业与经济社会之间的联系，使学生在接受专业知识的时候了解经济建设的情况和经济社会发展的规律，激发学生主动学习的欲望和创业的兴趣，在提升创新创业型人才培养质量的同时，也推动了企业研发能力的提升。

（四）校研协同，实现科研资源共享

高校和科研机构的协同可以在依托科研院所优质创新团队和优质科研资源的基础上，整合双方的导师、项目等科技资源，构建优质科研资源共享平台，在攻关国家重大科技项目、科研协同创新的过程中推进科研创新型人才的培养。

既然在创新创业型人才的培养中政府、高校、行业企业与科研机构各自拥有不同的资源和优势，为了充分发挥、利用不同主体各自所具备的资源和优势，高校在承担人才培养的主要责任的同时，应该建立包含政府、行业企业和科研机构等相关主体在内的人才协同培养管理机构，下设专家委员会、咨询委员会和执行委员会，专家委员会由校内外各个专业的知名专家和教育工作者组成，共同拟订创新创业型人才的培养方案、课程设置和教学内容，并报咨询委员会审核通过后执行。咨询委员会的委员来自政府、行业企业和科研机构等不同领域的专业人士，咨询委员会对接政府的政策研究室和独立的第三方人才培养质量评估机构，咨询委员会根据国家的各项宏观政策、产业政策、人才培养质量的评估报告，审核专家委员会拟订的各个专业的人才培养方案等。执行委员会由高校的教学管理人员、各个院系的教学工作人员和分管教学的院长、系主任等组成，对接学校、院里的监督委员会，负责监督、执行各个专业的人才培养方案，并将人才培养过程中出现的问题及时反馈给学校的专家委员会，及时调整培养方案、课程设置、教学内容和教学过程。

人才协同培养模式通过校企、校政之间的协同，建立能及时反馈社会需求和经济发展需要的人才培养方向反馈机制，及时调整人才培养目标和培养方案等，借助于跨学科、跨专业的国际化的优质教学资源共享平台，开拓学生的学科视野和知识储备。合理设计实践教学的内容和教学环节，整合各个主体之间的实践资源，采取共建实验室、共建实习实训基地等方式搭建实验实践共享平台，积极探索高校与行业企业、科研机构之间不同的合作模式，深化合作的广度和深度，为学生提供更多运用所学知识解决实际问题的机会和平台。鼓励学生积极参与不同类别的科技竞赛、创新创业项目和各类科研项目，在高校、政府、行业企业和科研机构之间搭建共享的创新创业平台，提升学生实践能力。借助大学科技园、成果孵化基地等创业孵化平台，积极推进有产业化前景的科研成果转化为生产力，实现其价值。通过建立校内导师和校外导师的联合培养制度，针对学生的兴趣爱好、专业特长等，合理规划学生的学业生涯，指导学生的实践活动和科研训练活动，推进学生的个性化发展。改革课程的教授方式、考核方法和人才评价体系，实现课堂教学与网络教学相结合、教学与实践活动紧密结合、教学与科研紧密结合、过程考核与结果考核相结合，在教学过程中引导学生自主学习和探索，主动培养自身的创新创业实践能力，构建多维度的激励体系和评价体系，调动各个主体协同培养人才的积极性。

第二节　创新创业型人才协同培养的机制设计

一　完善政策支持与保障体系

由于各个主体之间存在着不同的目标和利益诉求，所以在协同培养人才的过程中难免会产生冲突和矛盾，政府应该加强顶层设计，制定相关的法律法规，通过在政策和资金方面的支持，调动各个主体协同创新培养人才的积极性，协调各个主体之间的利益冲突，为创新创业型人才的培养营造良好的外部环境。

首先，政府通过制定创新创业的法律法规，对参与人才培养的企业等各个主体给予税收优惠、财政补贴；通过出台向大学捐赠设备、仪器的主体给予税收优惠等政策措施，调动各个主体协同创新培养人才的积极性；通过健全有关协同创新平台建设、实践场所、科研经费等政策措施，打破高校与各个主体之间的制度壁垒，推进产、学、研等各相关主体之间协同合作的广度和深度。

其次，加强知识产权方面的保护力度，完善科技成果转化等相关的政策法规，保护创新创业各参与主体的合法权益。在创新创业活动中，如果不能对专利等无形资产进行专业的评估，就可能导致协同创新的成果被低估；再者，某些领域技术更新速度较快，在没有专业无形资产中介机构的协助下，原无形资产的拥有者或出资方很可能会遭受到损失。因此，要加快加速培育公正独立的技术评估中介组织，加强知识产权方面的保护力度，完善科技成果转化的政策法规，使得各协同主体的知识成果能够得到保护并且应用于实践中，实现其价值。

再次，为创新创业型人才培养提供资金保障。创新创业活动涉及学校、政府、行业企业等多元主体，应该学习和借鉴国外发达国家设立创新创业专项基金的模式，形成政府引导下的高校、企业等多元主体参与的内容丰富、形式多样的专项基金供给模式，为创新创业型人才的培养提供充足的资金保障，优化创新创业环境。在政府层面，通过设立国家高等教育创新基金和科学创新挑战基金，从更大范围内设立多层次类别的大学生创新创业基金作为启动资金，引导行业企业以合作项目、产品研发、会员合作等多种形式参与到产、学、研协同创新的过程中，拓宽人才协同培养的资金来源渠道，营造有利于创新创业的氛围和外部环境。

最后，完善相关保障体系。第一，尽快建立高校主导、政府、行业企业和科研机构参与的人才协同培养管理机构，明确各个主体的定位和职责，理顺人才协同培养的制度框架。第二，健全人才协同培养的管理制度，尤其是相应的考核评估机制和协调机制，调动各个主体协同培养人才的积极性，降低各个主体在合作中可能出现的矛盾和冲突，推进产、学、研合作的有效展开。第三，优化创新创业服务体系，建立独立的第三方的人才培养质量评估机构，通过对培养出的人才的短期、中长期的跟踪调查，反馈人才协同培养中的问题，及时调整培养方案；建立健全第三方的科技成果转化的咨询机构和评估机构，推进创新成果的转化。

二　改革现有的教学体系

（一）改革课程体系和教学内容

政府、高校、行业企业、科研机构共同拟订人才培养方案和教学内容。新的培养方案、课程设置将打破现有的专业、学科、平台的壁垒，从培养创新创业型人才的目标出发，本着"宽口径、厚基础"的教育方针，在学校层面，依托学校的学科特色、优势和优质的教学共享平台开设跨专业的模块化的通识教育课程，例如开设经典研读与文化传承、哲学智慧与批判性思维、文明对话与国际视野、科学精神与科技前沿、生态文明与生命关怀、社会研究与当代中国、艺术实践与审美体验7个模块，每个模块开设3门至6门主干课程，允许学生根据各自的兴趣、特长自主选择三四个模块，从而启发学生的跨学科思维意识，拓宽学生的学科视野。在学院层面，开设专业大类课程，按学科群开设大量的跨专业选修课，搭建跨学科、跨专业的教学平台，使学生具有综合化的知识结构体系。

行业企业、科研机构参与拟订新的培养方案、课程设置等，把最新的科研成果、研发态势带进课堂，把企业生产中亟待解决的问题、企业的发展态势带进课堂，通过课堂与生产实践的结合，教学与科研的结合，不同学科、专业的交叉融合，激发学生的创新创业意识，培养创新创业能力。新的培养方案将突破传统的管理体制的束缚，根据学科发展趋势和行业发展要求在交叉学科和新兴学科领域建立更多的高水平的培养项目，培养交叉学科创新人才。

通过以上的课程设置，可形成如图8-2所示的知识体系。

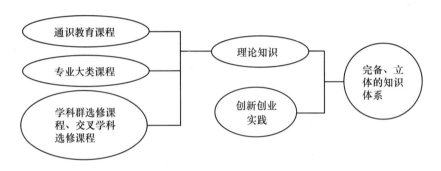

图8-2 课程体系

（二）改革教学方式和考核方法

不同于国内高校"灌输式"的教育方式，国外高校特别重视学生自主学习的能力，所以授课方式较为灵活，我们应该学习借鉴国外灵活多样的教学方式，改变以教师为主的知识传授方式，通过互动式、讨论式、启发式、参与式的授课方式，注重培养学生自主学习和思考的能力，启发学生的创造性思维、发散式思维，提高学生发现问题、解决问题的能力。利用现代信息技术和网络共享平台，实施"翻转课堂"创新教学方式，建设课程交流的网络平台，跟进、掌握并及时解答教学中的难点和疑问。

此外，改革课程考核的方法，建立包括出勤、课后作业、平时测验、案例分析、课堂讨论等形式多样化的全过程的课程考核方法。对于一些重要的专业必修课程，可以采用试题库，聘请相关专业的校外专家命题，做到教考分离，公平地评价学生的学习成绩，提高课程的教授质量、教学成果。

（三）强化实验实践教学

当今社会需要的人才不是仅仅能够讲述理论知识的人才，而是能够将理论知识应用于实践的人才。所以，高等院校培养学生不能仅仅依靠课堂知识的传授，也要加强学生的实验实践教学。高校安排的实验实践教学通常包括实验或课程设计、实习实训和毕业实习、毕业论文或毕业设计。首先，要按照共建共享的原则整合学院、学校的实验实践教学资源，将跨专业的人员、设备、实验场所等协调整合，加强教学实验室、创新实验室、创业训练平台等的建设。其次，改革实践教学的内容和教学方法，加强实验实践教学的过程管理。根据理论与实践相结合的原则，系统设置实验实践教学的内容，实验实践教学的内容不应该仅局限于对理论教学的验证，而是要增强实验实践教学的综合性、设计性和研究创新性，启发学生的创新思维，培养学生的创新创业意识。最后，结合所学专业开展形式多样的实习实训活动，让学生深入企业的生产实践活动，了解行业的变动态势和企业的实际需求，提升学生学以致用的能力，充分发挥知识的力量。

三　提升创新创业教育水平

（一）实现创新创业教育与现有教育体系的有机融合

把创新创业类课程与全校开设的通识教育课程、学院开设的专业大类必修课程、专业基础课程、专业核心课程有机地融合在一起，把创新创业教育的理念和内容渗透现有的课程体系中、渗透到现有的教学环节和教学过程中，建立有利于创新创业型人才培养的规章制度，营造有利于人才培养的环境。

（二）健全创新创业类的课程体系

实行引导性、开放性的教学模式，实现学生自主性的、发散性的学习。引导学生制定职业生涯规划等通识课程，设置创新创业战略抉择、创业计划书制订等专业课程，提高学生自主开展创新创业活动的素养。最后，开设 KAB 创业培训课程、仿真实训和公司实训等创新创业技能实训课程，强化、提升学生的创新创业技能。

（三）培养过硬的创新创业型师资队伍

创新创业教育与高素质的师资队伍建设是分不开的。首先，鼓励教师参与各类创新创业培训班，通过校企、校所之间的协同创新平台参与企业的生产实践和科研项目中，或到企事业单位进行挂职锻炼。其次，聘请校外知名的创新创业教育专家、成功企业家等在学校内开设创新创业课程，从而建立起一支专职与兼职相结合的创新创业师资队伍。

四　完善协同创新培养的平台

根据协同理论和三螺旋理论，高等院校、行业企业和科研机构之间进行协同合作，共享资源和信息，提高信息的利用率和有效性，产生协同效应。进行创新创业型人才协同创新培养的关键在于找到高等院校、企业和科研院所之间合适的结合点，以符合各方利益诉求、充分发挥各方优势的模式进行人才的协同创新培养。高等院校、企业和科研院所三大主体采取合作的策略，将高校所具备的知识和人才优势、企业所具备的资金和市场优势、科研机构所具备的科研优势进行整合、共享，搭建各个主体之间协同创新培养的平台，培养创新创业型人才，使各主体实现各自利益最大化。

（一）共建实习实训基地和产品（项目）研发中心

首先，高校可以利用企业的资金优势和设备资源等与企业共建实习实训基地，让学生在校期间、假期期间进入企业参加实习实训或是进入科研机构参与到实际的科学研究中去，为学生提供直接面向生产实践和科研实践的机会和平台。

其次，高校可以利用自身的人才、科技资源优势和行业企业的市场信息优势和资金优势，依托与行业结合紧密的优势学科，与企业共建产品、项目研发中心，推进企业在重大项目的开发和新产品的研发，实现校企之间的人才、科技资源的互补共享，同时也为培养和提升学生的科研实践能力和创新能力提供了广阔的平台。

最后，高校和科研机构可以在依托科研机构的创新团队和科技资源的基础上，整合双方的导师、项目等科技资源，营造一流的科研氛围，构建优质科研资源共享平台，在攻关国家重大科技项目、科研协同创新的过程中推进科研创新型人才的培养。

（二）开展各类竞赛活动、建立人才协同创新培养平台

首先，积极开展创新创业大赛和学科大赛。学校与政府、行业企业、科研机构合作，结合学科知识设计贴近企业实际项目的创新创业大赛、贴近科研项目的学科大赛。在创新创业大赛中，学生能够切实参与到企业实际生产中遇到的问题，运用所学的专业知识，分析、解决企业实际的问题并提出解决方案，不仅能够提升学生实践能力，也能解决企业的问题，一举两得。在学科大赛中，学生利用所学的专业知识，由科研院设置科研命题，并提供相应的科研条件，传授科研方法，使学生在进行科研成果挖掘的过程中，充分运用知识，促进学生对知识的理解和吸收。

其次，构建高校、行业企业和科研机构之间的人才协同创新培养平台。由政府牵头，高校、行业企业和科研机构共同组建专门的人才协同创新培养平台。通过协同创新培养平台，各个主体能够进行充分的信息、资源共享、思想碰撞，共同讨论制订人才协同培养计划。行业企业提供最新的市场需求，科研机构提供最前沿的科研动向，高校根据自身的学科特色和学科优势，与行业企业、科研机构共同开展项目研究、解决行业企业的实际问题，最终形成的实践经验、科研成果将成为创新创业型人才培养的最有价值的"教科书"，并借助于互联网技术的发展，在平台中及时发布最新的行业发展动态、设置网络课程，供学生学习。

最后，建立大学科技园区和成果孵化基地。国外协同创新平台中最常见的就是大学科技园区和成果孵化基地。大学科技园区以高校为主导，在园区中成立相应的管理机构，负责对学生的创业实践活动组织提供指导，为学生在创办企业需要各方面的信息提供咨询服务，有条件地为学生创业启动提供适当小额或无息资金贷款。借助于大学科技园平台，高校的教师可以与企业相关人员及时沟通交流，企业的相关人员将最新的市场需求反馈给高校教师，以及时调整教学计划或设计实践活动来培养学生的创新意识、创新能力。高校的教师对企业面

对的问题进行专业分析，得到解决方案，也可以参与或主导企业的项目活动，以专业素养来保证项目的成功率。在解决实际问题的过程中，教师又可以丰富自身经验，积累实际案例，为学生进行讲解，提高学生对于实践活动的认识，也能更好地理解知识，用于日后的实践。成果孵化基地以企业为主导，高校的教师和优秀学生均可进入孵化基地中进行实践活动。有创业思想和创业想法的学生可以在孵化基地中得到实践的机会，由企业提供资金等条件支持，由教师提供理论等支持，在一个创新创业氛围浓郁的环境中进行实践。同时，孵化基地中还有一些在孵企业，高校的学生可以在此获得实习实训机会，将课堂所学知识应用于实践，以更好地吸收掌握理论知识，并支撑实际工作。

五　改革教学管理制度

(一) 完善学分制和弹性学制

实行学分制和弹性学制能够使学生从个人的兴趣、爱好、特长出发，自主选择专业、自我管理学习过程，合理规划学习生涯，充分调动学生学习的积极性和主动性，改变了过去人才培养中以教师为中心的局面，真正确立了学生的主体地位，所以，实行学分制和弹性学制是教学管理制度的一项重要改革措施。为进一步完善学分制和弹性学制，需要提高学生自主选修课程的比例，深化校校之间的课程共享、学分互认，借助于所搭建跨学科、跨专业的教学平台，借助慕课等网络教学平台有效拓宽学生选课的范围和渠道，制定相关措施鼓励学生跨专业、跨学科进行选课，为学生提供不同的学科视野和综合化知识结构。

(二) 推行辅修制、双专业制和双学位制

辅修制是除了修读原专业外，还可以修读另外专业规定的一些辅修课程。双专业制是在修读原专业的同时，申请修读第二专业，在满足第二专业的学习、实践要求后发给第二专业的毕业证书。双学位制也是如此，在第二专业的毕业论文符合要求后可获得第二专业的学位证书。允许并鼓励在原专业基础上，根据个人的兴趣、特长辅修第二专业课程，并申请辅修专业和双学位，是学生个性化发展的一个重要措施。

（三）建立学生的学业预警机制

通过建立课程信息库、学生成绩库、网络化教学系统等及时掌握学生的学习质量，并根据学生个人不同的培养方案和培养目标建立学生的学业质量预警系统。此外，加强学习过程的预警，如果学生一个学期所获得的学分低于本学期开设选修课程的1/2，则达到学业黄色预警条件，连续两次或累计三次黄色预警则达到红色预警甚至退学预警。

六　完善导师制度，建立学生个性化成长的指导体系

进一步在本科生中推广导师制。大部分学校目前只对研究生和博士生配备导师，但是随着高校大类招生制度和学分制的推行，大量的选修课程尤其是跨专业、跨学科选修课程的开设，校校、校企和校所之间学分互认以及慕课等网络教学资源的共享，导师制也应在本科生中大力推广。导师要因材施教，针对学生的个性化需求帮助学生合理规划学业生涯。

鉴于创新创业型人才的培养过程中对其综合性、研究性、创新性和实践性的要求，单一导师不能满足培养要求，应该实行联合导师制，组建具有不同专业特长，来自高校、行业企业和科研机构不同领域的具有丰富理论知识和实践经验的导师群对学生进行联合培养，每位导师要根据自身的专业特长和优势进行明确的责任分工，指导学生参加各类科技竞赛活动，指导学生参与各种形式的实习实训，指导学生进行研究性学习，推行本科生科研助理制度，让学生参与到学校、行业企业和科研机构的科研项目中，培养学生对科研的兴趣，提升学生的创新创业能力和科研素养。

七　构建多维度的评价体系

（一）构建多维度、多元化的学生综合评价体系

培养创新创业型人才需要改变过去以学校为唯一的评价主体、学

习成绩为唯一评价标准的学生评价体系，构建包含学校、行业企业和社会等相关主体在内、包含学生自我认识、自我发展、综合素养等在内的多维度、多元化评价体系。改变重知识轻实践、重结果轻过程的评价方法，要重视创新精神和实践能力的评价，构建包含创新思想品质的形成、创新创业实践体验、科研素养的结果与过程相结合的综合评价体系，引导学生走出课堂，积极参与各类创新创业活动，提升自身的创新创业能力。

（二）构建合理的教师评价体系

学生创新创业能力的培养与高素质的具有创新教学能力的师资队伍密不可分，教师需要在课堂教学中通过灵活多样的教学方法启发学生的创新意识和创新思维，教师不仅自身要有宽广的知识储备、丰富的实践经验和较强的科研能力，更需要在尊重学生个性化发展的基础上，引导学生参与各类科技竞赛、创新创业活动和科研实践，培养和提高学生的创新创业能力。但是目前对教师的评价体系中重科研轻教学，重教学工作量轻教学质量，重培养学生的数量轻培养学生的质量。要想培养出更多高质量的创新创业型人才，必须将学生创新创业能力的培养作为对教师评价的一项重要指标，引导、推进教师在教学、科研和创新创业型人才培养方面的协同发展。

（三）建立协同育人质量评价体系

协同育人质量评价体系的评价主体由高校拓展到政府、行业企业等相关主体方，采取短期、中期和长期相结合，定性与定量相结合的方式，从协同育人的环境、投入、产出，从协同育人的运行机制等方面构建协同育人的质量评价体系，为创新创业型人才的培养提供重要的评价标准。

第九章　创新创业型人才协同创新培养的系统优化设计

第一节　合理的战略导向

创新创业型人才的协同创新培养机制离不开良好的法律法规等政策环境的支持。从上文的分析中可以发现，创新创业型人才的培养需要包括政府、企业与创业者在内的各个主体共同参与、协同合作。为实现创新创业型人才的有效培养，要将这种培养上升到战略层次，从整体上来把握其培养的方式、机制等，因而从政府的角度，首先需要做的就是为创新创业型人才的培养制定合理的战略导向。

现有研究认为，要想制定科学合理的创新创业型人才培养机制，形成正确合理的战略导向，需要有两个前提条件：一是对本区域的现状有清晰的了解，这些现状包括：本区域现有的人才状况与人才结构，本区域现有的创新创业基地、创新创业总体发展状况与发展需求，本区域的产业结构、行业状态以及本区域未来的发展方向等，只有了解了区域现状才能够更加因地制宜地制定人才发展战略；二是考虑到本区域与其他区域的协同效应，通过协同创新联动的方式来促进本区域创新创业型人才的发展，实现各区域的共同发展。因而，基于以上两个方面的前提条件，政府需要制定合理的创新创业型人才战略导向，具体而言，主要有以下几个方面的内容。

一　政府制定科学合理的创新创业型人才评价系统

通过分析现有对人才的评价政策发现，现有主要是通过硬性指标与条件对人才进行评价，并主要沿用了先前指标，在评价考核过程中人为因素较多，较容易受到人为因素的影响，对于客观的指标涉及较少，且缺乏对未来产业、区域的合理性评估，因而，在制定创新创业型人才的培养机制时，必须首先考虑到要为这些人才制定合理的评价系统。此外，由于创新创业型人才是一种新型"三高"人才，因而对其评价指标的评定需要有新标准，需要充分考虑到创新创业过程中的不确定性与风险性，允许失败，不单纯以成败来界定创新创业型人才，应该更加注重其能力、素质以及发展潜力，评价系统不仅需要着眼于现在，更需要着眼于未来的发展。

二　合理地设计创新创业型人才的培养渠道

通过本部分的分析可以得知，创新创业型人才的培养是一项综合性工程，仅仅依靠单一主体无法有效完成，因而在设计人才培养渠道时，需要考虑这一机制的多主体效应，即依靠人才主管部门、人才需求企业与创新创业型人才自身需求来扩展渠道。现有对于创新创业型人才的培养主要依托于政府机构，大部分的培养模式属于无差别化的培养，目标是培养通用型创新创业型人才，但是现有的创业企业对人才的需求更加注重专业化与个性化，通用型创新创业型人才已经无法满足企业的需求，因而在人才的培养渠道方面，政府主管部门在继续现有培养方式的基础上，需要根据区域企业需求制定更加个性化的培养机制。例如，分行业举办研讨会、人才供需见面会、顶尖专家讲座等，此外，可以根据企业的个性化需求来"定制"培养创新创业型人才，即将企业作为人才培养的主体，将企业作为人才培养的"客户"，最终实现满足企业需求、满足区域发展需求的目的。

三　在战略导向中设计人才的留用机制

创新创业型人才的培养不是最终目的，将其安排在关键岗位中创造价值才是人才培养的目标，因而，在创新创业型人才协同创新培养的战略导向中，需要加入人才的留用机制。具体而言，主要有两种留用方式：一种是以企业为需求主体来吸引人才，即根据区域发展与企业成长的需求，由企业提出创新创业型人才的需求，由政府加以引入与培养，然后直接输送到企业中，使人才不但能够得到培养，更能够得到成长，与企业实现共同发展。另一种是通过人才之间的相互交流，通过创新创业型人才来进一步优化人才培养机制，即侧重培养先前具有创业经验的人才以及具有丰富科研技术开发经验的人才，并通过这些领军型人才来进一步形成人才团队，通过团队的形式实现人才的培养。

第二节　创新创业型人才的保障体系

创新创业型人才的培养是一种系统化的工程，在进行这一工程的过程中，需要有良好的机制来保障其有效实施。在对本部分的研究结论进行总结与梳理以及综述国内外经验的基础上，提出了创新创业型人才的保障体系，旨在通过合理的保障体系实现创新创业型人才的系统化协同培养。

一　政策支持

创新创业型人才在成长过程中，无论在创建新企业过程中还是在开发新产品、新技术过程中，不可避免地会遭遇到失败，由于创新创业型人才具有高风险承担性与高创新性，因而即使在遭遇到失败也会不断地进行新的尝试。但是在实践过程中，部分创新创业型人才在经历失败过后往往会产生放弃的想法，这种想法并非自身的主动选择，更多的是一种制度或体制的保护不到位。因而，需要对创新创业型人才建立保护性的政策支持，政府部门需要针对创新创业的特点，制定完善相应的措施，并成立一定的创新创业基金，允许创新创业型人才在可控的范围内承担风险并给予相应的支持与保护，使创新创业型人才的培养与成长无后顾之忧。

不同于其他类型的人才，创新创业型人才的主要成果就是知识产权，包括发明专利、技术许可、版权协议以及智力财产等。目前我国面临的重要问题就是对知识产权的保护不到位，虽然在近些年逐渐开始重视对专利、著作等知识产权的保护，但相对而言仍然稍显不足，损害创新发明、危害创业企业的例子时有发生，使得创新创业型人才无法安心地从事创新创业工作。因而，从政府主管部门的角度，需要制定可操作性的创新创业成果保护政策，并尽快公布，使创新创业型人才的成果获得有效保护，在有效保护的基础上，政府要推动知识产权的成果转化，为创新创业型成果转化创建有利的政策条件与政策便利。除此之外，政府主管部门在制定政策与措施之后，要及时传递给创新创业型人才，使创新创业型人才及时了解到鼓励与支持的政策，从而激发其创新创业的热情，不断地创造价值。

二 管理机制

在创新创业型人才的培养过程中，需要不断地完善人才管理机制来提供支撑。这些创新创业型人才管理机制主要包括创新创业型人才选拔机制、创新创业型人才考核评价机制以及创新创业型人才监督激励机制。

创新创业型人才的选拔是培养的基础，人才的培养机制并非能够培养所有人才，只有符合要求且具备潜力的人才值得培养并创造价值，因而人才的选拔机制是人才培养的前提条件，具体而言，政府需要与企业联合机构合作，企业向机构提出创新创业型人才的需求，包括专业、经验以及资质等各项要求，由联合机构负责人才的选拔与引进，通过这种方式选拔培养的人才既能够满足企业的需求，又能够有针对性地培养，最关键的是可以利用企业平台，促使其成果能够找到最理想的转化平台。

创新创业型人才考核评价是督促其不断朝着目标努力的重要条件。对于这类人才，不能用原有的考核体系与考核标准来界定，需要根据区域与企业发展需求，构建起综合长期目标的综合性考核评价机制。具体而言，需要针对不同人才的特点量身定做考核机制，对创新型人才既要评价成果的创新性、前瞻性与先进性等技术利益，又需要从成果转化、价值创造的角度评价其经济利益，做到技术与价值的结合；对于创业型人才的考核评价，既要评价其创建企业的发展状况、税收状况、收益状况等经济利益，又需要评价其社会责任、环保状况以及是否是未来重点支持的行业等社会利益从而构建起完善的考核评价机制。

创新创业型人才监督激励是有效培养的保障。有奖必有罚，赏罚必分明是管理人才的科学原理，在考核评价的基础上，进行奖励与督促是保障人才政策有效实施的重要环节。具体而言，政府等主管部门需要对人才培养机制进行定期的监督，检查其培养状况并进行反馈，对于发挥显著经济和社会效益的创新创业成果给予奖励，对于人才培养效果不佳的状况进行分析并落实责任到具体负责单位，督促其按照目标战略对人才进行合理的培养和利用。

三　团队建设

创新创业领域的人才培养以领军人才为核心，但是现有研究认为，在当前信息技术快速发展的背景下，创新创业已经不是个体单打独斗的时代，科研成果与新创企业的研究者与创立者大部分是以团队的形式存在的，即以创新创业领军人才为核心的创新创业团队才是创新创业的主体，因而通过对创新创业团队的建设能够集中优势人才进行创新创业活动，使得众多创新创业型人才集中在团队中为实现目标而共同奋斗。此外，进行创新创业团队的建设还能够整合不同特质人群的信息和资源，提升团队的协同创新能力，提升研究实力。因而，为有效地进行创新创业团队建设，需要做到以下几点：一是需要为团队建设树立清晰的目标，这主要指的是团队建设需要找到团队成员共同的方向，形成整体目标，在整体目标的基础上划分各个子目标，使团队成员都为整体目标而不断地取得突破；二是要在团队内部树立领导核心和创新创业带头人，强化团队内部的合作，围绕着团队核心展开工作；三是需要做好团队内部的利益协调机制，制定合理的激励措施，使团队成员能够对团队目标和团队氛围产生认同感，进而不断地融入团队中，最终形成稳定的创新创业团队，并以团队集聚的形式来推动创新创业的发展。

四 融资体系

创新创业作为一项高风险性、高不确定性与探索性为一体的事业，不仅面临着较高的风险，且由于所从事事业的探索性与实验性，因而需要大量的资源支撑，在创新创业所需要的众多资源中，资金是最重要的资源之一，无论是验证研究设想、进行产品原型的设计抑或是新产品、新技术的推广，新企业的建立都需要大量的资金作为支持。在资金的提供方面，除了政府需要加大投入、加大资金支持力度之外，更需要的是将民间资本吸引进来共同参与创新创业活动，因而政府等主管部门需要构建起完善的融资体系以使创新创业获得民间资本的支持，并在资本的推动下不断发展壮大。具体而言，在构建完善的融资体系方面，政府需要着重于以下几个方面：一是需要规范融资市场秩序，在现有的创新创业融资方面，由于其面临的高风险性，往往在融资谈判上处于劣势，许多创业企业为生存被迫签订了很多不友好的融资协议，未来需要完善金融市场秩序，真正建立公平公正的融资市场秩序，使创新创业型人才能够获取到公平公正待遇；二是需要构建起多元化的融资平台，并为平台提供服务，现有创新创业的融资渠道比较单一，不能满足发展需求，在未来，政府需要借鉴先进的融资经验与创新性的融资方式，为创新创业提供包括股权融资、债券融资、贷款融资等在内的多元化的融资方式，让创新创业型人才选取最为有利的方式满足资金需求；三是不断完善资本市场的法律监管，引导政府性的投资基金不断地向具备成长性的企业投入，并为创新创业活动提供融资担保，加快资本的利用与集聚效应，从而充分发挥政府主管部门的引导作用，并提升各种基金的利用效率。

五 社会保障

作为拥有高学历为代表的"三高"创新创业型人才，对其产生吸引力的方式不仅仅体现在技能和工作的培养方面，更体现在相关的社会保障方面，只有解决了包括家庭在内的社会保障问题，创新创业型人才才能够安心地从事现有事业，因而地方政府部门应当通过增大社会保障投入的方式来吸引优秀创新创业型人才，建立起人才社会保障体系。

　　创新创业型人才的社会保障体系可以划分为三个层次：对自身的保障、对子女的保障、对家庭的保障。首先是对自身的保障，根据需求层析理论，创新创业型人才更多地从生理与安全的需求转向了社交、尊重与自我实现的高等级需求，为满足这种高等级需求，政府和企业可以根据需要制定措施，例如将创新创业型人才加入人才储备库，为这类人才颁发相应等级的人才证书，享受事业单位的养老和保险待遇，同时可以仿照人才特聘制度，为符合条件的人才制定相应的待遇，可仿照事业单位待遇进行适当调整；其次是对子女的保障，在这一方面，最值得关注的就是子女的教育问题，可以就近安排子女入学，并给予当地同等待遇，此外，在选择学校方面可以给予便利，按照就近原则或者自由选择原则来解决子女的教育问题；最后是在家庭保障方面，对于符合一定层次的创新创业型人才，可根据需要解决配偶的工作，提供家庭住房，或为配偶提供相应的职业培训，合理地安排这部分人才的家庭成员，使其能够专心地从事创新创业工作。

六　税务减免

　　对于创新创业型人才及其创立的企业，由于在创建初期市场竞争实力弱、资源匮乏，因而有必要对其进行扶持以使其发展壮大。政府除给予财政补贴之外，还有一种重要的支持手段就是税收优惠与税务减免。创新型人才在科研活动中，需要用到各种仪器设备与各种实验材料，政府可将用于科研工作的仪器设备与实验材料实行减税或者免税，特别是目前用于科学研究的部分高精尖设备仪器依赖于进口，高额的进口关税推高了仪器的成本，因而政府可以通过对部分进口设备免除进口关税的形式补贴创新人才，节约科研成本。对于创业型人才，在其创业企业的新创阶段，由于规模小、知名度不高、市场认可度还存在一定的问题，此时企业的各项成本处于急剧上升阶段，为鼓励和支持创业企业的发展，政府可制定针对新创企业的税收政策，分行业、分类型、分产品地进行税收优惠与减免，促使企业不断地提升产品竞争力，实现创业企业的成长。

七 信息服务

在前述的研究与比较过程中可以发现，目前对于创新创业型人才信息系统的建设远不能达到发达国家标准，信息滞后、信息沟通不畅等问题时有发生，因而现有的信息系统不能满足创新创业型人才的需求。为解决这一问题，需要构建良好的信息沟通与信息传递机制，具体而言，政府在构建信息机制、提供信息服务方面可以发挥以下三个方面的作用：一是可以构建人才信息库，通过建立完善的人才信息等级机制，将各类创新创业型人才信息进行汇合整理，并进行分类，使得这部分人才可以快速找到同行业或者相关行业数据，同时可以使创业企业迅速找到所需人才，解决创业企业人才紧缺的问题，同时为人才与企业之间搭建起有效沟通的桥梁；二是可以通过各种公开渠道发布信息，包括人才的需求信息与人才的聘用信息，使得信息能够充分流动；三是与其他区域的信息人才库相对接，不断完善创新创业型人才的跨区域流动与跨区域培养机制，使得创新创业型人才在同一区域了解到不同的行业信息与科研信息，推动彼此之间信息的相互交流与传递。

八 搭建平台

创新创业型人才的培养离不开创新创业平台的帮助，创新创业平台因为集合了各类利益相关主体，成为推动创新创业型人才成长的催化剂和创新创业事业的助推器。因而，为创新创业型人才搭建起平台是保障创新创业事业的重要举措。

（一）人才的创新平台

人才的创新平台构建的目标是为创新科研活动提供良好的条件，政府部门应该围绕加快自主创新以及产业结构的优化整合，构建起连接各类科研院所、企业、政府在内的统一创新平台，旨在通过这种方式解决现有产学研结合度低、科研成果无法得到有效转化的问题，同时，各类科研院所可以借助于企业平台，在企业所在地设置分支研究机构，与企业进行合作研发，例如可以设立联合实验室、联合研发中心、产学研实践基地、成果转化中心等，旨在通过这样的合作方式构建起企业—科研院所平台，为创新型人才的成果提供价值创造的场所。

（二）人才的创业平台

在初创期，创业企业常会面临着资源短缺、法制意识欠缺、自我保护能力差等新创弱性问题，创业平台能够很好地帮助企业平稳度过初创期并得到进一步发展。创业平台的建设需要协同创新的各主体的共同参与：政府部门提供对创业企业有利的政策和相关的资金补助；创业相关的中介服务机构集中到统一平台中为创业企业提供服务支持；高校、科研院所为创业企业输送最新的技术发明和创新创业型人才；银行的金融机构为创业企业提供必要的资金支持。有了创业平台的全方位服务，创业人就可以专注于创业企业的核心技术研发、核心能力培养、核心产品开发等工作，使创业企业能够在激烈的市场竞争中站稳脚跟，以谋求长远的健康持续发展。

参考文献

Baron, R. M. , Kenny, D. A. "The moderator-mediator variable distinction in social psychological research: Conceptual, strategic, and statistical considerations" [J]. *Journal of personality and social psychology*, 1986, 51 (6): 1173.

Baum, J. R. , Locke, E. A. , Smith, K. G. "A multidimensional model of venture growth" [J]. *Academy of management journal*, 2001, 44 (2): 292 – 303.

Baum, J. R. , Locke, E. A. "The relationship of entrepreneurial traits, skill, and motivation to subsequent venture growth" [J]. *Journal of applied psychology*, 2004, 89 (4): 587.

Bercovitz, J. , Feldman, M. "Entpreprenerial Universities and Technology Transfer: A Conceptual Framework for Understanding Knowledge-Based Economic Development" [J]. *Journal of Technology Transfer*, 2006, 31 (1): 175 – 188.

Bliemel, M. J. "Getting Entrepreneurship Education Out of the Classroom and into Students' Heads" [J]. *Entrepreneurship Research Journal*, 2013, 4 (2): 237 – 260.

Bowen, D. E. , Ostroff, C. "Understanding HRM-firm performance linkages: The role of the 'strength' of the HRM system" [J]. *Academy of management review*, 2004, 29 (2): 203 – 221.

Breugst, N. , Domurath, A. , Patzelt, H. , Klaukien, A. "Perceptions of entrepreneurial passion and employees' commitment to entrepreneurial ventures" [J]. *Entrepreneurship Theory and Practice*, 2012, 36 (1): 171 – 192.

Cardon, M. S. , Gregoire, D. A. , Stevens, C. E. , Patel, P. C. "Measuring entrepreneurial passion: Conceptual foundations and scale validation" [J]. *Journal of Business Venturing*, 2013, 28 (3): 373 – 396.

Cardon, M. S. "Is passion contagious? The transference of entrepreneurial passion to employees" [J]. *Human Resource Management Review*, 2008, 18 (2): 77 – 86.

Chen, X. , Yao, X. , Kotha, S. "Entrepreneur passion and preparedness in business plan presentations: a persuasion analysis of venture capitalists' funding decisions" [J]. *Academy of Management Journal*, 2009, 52 (1): 199 – 214.

Collins, C. J. , Smith, K. G. "Knowledge exchange and combination: The role of human resource practices in the performance of high-technology firms" [J]. *Academy of management journal*, 2006, 49 (3): 544 – 560.

Davidsson, P. "The entrepreneurial process as a matching problem" [J]. *Academy of management journal*, 2005: 1 – 33.

Delmotte, J. , De Winne, S. , Sels, L. "Toward an assessment of perceived HRM system strength: scale development and validation" [J]. *The International Journal of Human Resource Management*, 2012, 23 (7): 1481 – 1506.

Drucker, P. F. , Wells, M. "Innovation and Entrepreneurship" [J]. *Compendium of Continuing Education in Dentistry*, 1985, 26 (6): 77 – 78.

Foo, M. D. "Emotions and entrepreneurial opportunity evaluation" [J]. *Entrepreneurship Theory and Practice*, 2011, 35 (2): 375 – 393.

Gedeon, S. "What is Entrepreneurship?" [J]. *International Studies in Entrepreneurship*, 2010, volume 58 (2): 1626.

Herbig, P. , Golden, J. E. , Dunphy, S. "The Relationship of Structure to

Entrepreneurial and Innovative Success" [J] . *Marketing Intelligence & Planning*, 2013, 12 (9): 37 –48.

Li, X. , Frenkel, S. J. , Sanders, K. "Strategic HRM as process: How HR system and organizational climate strength influence Chinese employee attitudes" [J] . *The International Journal of Human Resource Management*, 2011, 22 (9): 1825 – 1842.

Liang, H. , Shih, H. , Chiang, Y. "Team diversity and team helping behavior: The mediating roles of team cooperation and team cohesion" [J] . *European Management Journal*, 2015, 33 (1): 48 –59.

Lin, C. , He, H. , Baruch, Y. , et al. "The Effect of Team Affective Tone on Team Performance: The Roles of Team Identification and Team Cooperation" [J] . *Human Resource Management*, 2016, 24 (7): 1 –22.

Marks, M. A. , Mathieu, J. E. , Zaccaro, S. J. "A temporally based framework and taxonomy of team processes" [J] . *Academy of Management Review*, 2001, 26 (3): 356 – 376.

Mcguire, W. J. "Attitude change: The information processing paradigm" [J] . *Experimental social psychology*, 1972: 108 – 141.

Morse, E. A. , Fowler, S. W. , Lawrence, T. B. "The Impact of Virtual Embeddedness on New Venture Survival: Overcoming the Liabilities of Newness" [J] . *Entrepreneurship theory and practice*, 2007, 31 (2): 139 – 159.

Rahim, M. A. "A measure of styles of handling interpersonal conflict" [J] . *Academy of Management journal*, 1983, 26 (2): 368 – 376.

Stevenson, H. H. , Jarillo, J. C. "A paradigm of entrepreneurship: Entrepreneurial management" [J] . *Strategic management journal*, 1990, 11 (5): 17 – 27.

Thomas, K. W. "Conflict and conflict management: Reflections and update" [J] . *Journal of organizational behavior*, 1992, 13 (3): 265 – 274.

Tian, L. , Li, Y. , Li, P. P. , et al. "Leader-member skill distance, team cooperation, and team performance: A cross-culture study in a context of sport teams" [J]. *International Journal of Intercultural Relations*, 2015, 49: 183 – 197.

Tse, H. M., Dasborough, M. T., Ashkanasy, N. M. "A multi-level analysis of team climate and interpersonal exchange relationships at work" [J]. *Leadership Quarterly*, 2008, 19 (2): 195 – 211.

Vallerand, R. J., Blanchard, C., Mageau, G. A., et al. "Les passions de l'âme: on obsessive and harmonious passion" [J]. *Journal of personality and social psychology*, 2003, 85 (4): 756.

Wong, P. K., Ho, Y. P., Autio, E. "Entrepreneurship, Innovation and Economic Growth: Evidence from GEM Data" [J]. *Small Business Economics*, 2005, 24 (3): 335 – 350.

Zhao, F. "Exploring the synergy between entrepreneurship and innovation" [J]. *International Journal of Entrepreneurial Behaviour & Research*, 2005, 11 (1): 25 – 41.

蔡袁强、戴海东:《培养设计研发型创新创业型人才为地方产业转型升级服务的实践与探索——以温州大学为例》,《中国高教研究》2010 年第 4 期。

曹明:《应用型本科高校创新创业型人才培养模式初探》,《中国大学教学》2011 年第 11 期。

曹胜利:《建设创新型国家与创新创业型人才培养——关于"第三张教育通行证"几个认识问题的探讨》,《中国高教研究》2008 年第 5 期。

陈德人:《创新创业型交叉学科专业的知识化探索与社会化实践——电子商务专业人才培养及其规范性研究》,《中国大学教学》2010 年第 1 期。

高文兵:《高等教育内涵式发展与我国"人才红利"开发》,《南京大学学报》2013 年第 1 期。

李伯耿、陈丰秋、陈纪忠等:《以创新创业型人才培养为核心打造专业新特色》,《高等工程教育研究》2011 年第 3 期。

李春根、匡仁相：《江西财经大学推进研究生"质量工程"培养创新
　创业型人才》，《学位与研究生教育》2009 年第 4 期。
李时椿：《我国高校亟待开展正规创业教育》，《科技管理研究》2008
　年第 10 期。
刘敏榕：《基于创新创业型竞争情报人才培养模式的研究》，《情报科
　学》2008 年第 11 期。

后　记

在国家社会科学基金教育学一般课题（BIA150111）的支持下，笔者进行了系统观视角下创新创业型人才协同创新培养机制及系统优化设计的研究。在国内外文献综述的基础上，分析了创新创业型人才的特质及素质，进行了国内协同创新培养创新创业型人才的现状调查及影响因素分析，并探讨了美国、欧洲及日本等国外协同创新培养创新创业型人才的经验教训。研究了创新创业环境与创新创业的影响要素，进行了创新创业型人才协同创新培养系统反馈和演化机制的系统动力学分析，建立了协同创新培养系统中不同创新主体间动态博弈模型，研究新环境因素约束下创新创业型人才培养系统中各主体的演化博弈，进行了创新创业型人才协同创新培养机制和培养系统的优化设计。

该著作由青岛大学商学院王庆金统筹写作，对青岛大学商学院的周键、曹艳华、李思宏、周雪、李苗苗、赵西、刘阳等老师参与部分的撰写和校对表示感谢，对研究生李如玮参与校对表示感谢！

对中国社会科学出版社刘艳编辑表示感谢，对课题的支持单位表示感谢，对调研单位的配合表示感谢，对青岛大学给予的支持表示感谢！

王庆金

2018 年 5 月